A PROPOS DE L'AUTEUR :

Après avoir développé une carrière de cadre-dirigeant à l'international dans le secteur des nouvelles technologies de l'information et de la communication, Alexandre JACQUES décide de rejoindre la Fonction publique hospitalière. Il est actuellement Directeur de plusieurs établissements publics autonomes médico-sociaux.

Alexandre JACQUES a publié en 2016 « Technosciences et Responsabilités en santé », un ouvrage d'investigation sur les incidences des Nanotechnologies, Biotechnologies, Informatique et sciences Cognitives (N.B.I.C.) sur le secteur de la santé.

En 2019 et 2021, il publie « Du dialogue de gestion au projet managérial », une réflexion en deux parties qui se nourrit de son expérience en centres hospitaliers et dans un établissement médico-social public. De la technique de management à la philosophie de management, Alexandre JACQUES nous propose d'explorer des modèles alternatifs mobilisés dans le secteur privé en s'appuyant sur des apports universitaires et l'expérience de management concertatif développée au sein du Groupe Hervé.

Les droits d'auteur des ouvrages précités sont intégralement reversés au fonds de dotation Atout5Partage.

A PROPOS DU FONDS DE DOTATION :

Atout5Partage est un fonds de dotation au sens de l'article 140 de la loi de Modernisation de l'économie du 4 août 2008. Il a pour objet toute initiative dans les champs sanitaires, sociaux et médico-sociaux visant à favoriser la prise en charge et l'accompagnement de tout public défavorisé ou fragilisé par la maltraitance, le handicap ou la grande dépendance.

A ce titre, le fonds de dotation développe lui-même ses propres actions et/ou participe au financement des structures juridiques et des projets qui accompagnent les publics précités et dont la réalisation favorisera sa mission d'intérêt général.

Plus d'informations sur : www.atout5partage.com

Aux A4 pour leurs encouragements ...

(Les propos soutenus dans le cadre de ce document relèvent de la responsabilité exclusive de son auteur)

Préface

Depuis le premier contact que j'ai eu avec Alexandre JACQUES à l'été 2021, le secteur des EHPAD a été particulièrement exposé médiatiquement.

Dans le prolongement de la précédente crise de 2018, l'affaire ORPEA a remis en lumière quatre ans plus tard les difficultés structurelles d'un secteur malmené entre-temps par la crise du Covid-19.

Ces difficultés avaient été pointées dans le passé par de nombreux rapports de la puissance publique et elles avaient été également relayées par les médias : Vieillissement de la population, augmentation des maladies neuro-dégénératives, épuisement des soignants, difficultés de recrutement, taux d'encadrement contraint par les budgets, etc.

Malheureusement, comme dans de nombreux domaines, il semblerait que seules les crises peuvent rendre possible le changement…

Parmi les multiples aspects de l'affaire ORPEA, celui qui m'a interpellé le plus est celui du modèle managérial. Les descriptions qui ont pu en être faites m'ont montré une fois de plus toutes les limites d'un modèle « vertical » où les directeurs de site et leurs équipes sont contraints dans leurs actions par la prolifération de normes et de contrôles dont l'efficacité n'a pas été démontrée.

Les dérives de ce modèle managérial que j'ai présentées dans la trilogie « Lost in management » ont des conséquences dramatiques sur les employés des entreprises. Elles se nomment « perte de sens », « souffrance au travail », « manque de reconnaissance », « burn-out », etc.

Et ce n'est pas probablement pas un hasard que la réflexion exposée par Alexandre JACQUES dans les deux parties de « Du dialogue de gestion au projet managérial » rejoigne les constats et recommandations que j'ai formulés dans « Lost in management ».

Du dialogue au dialogue de gestion… Du dialogue de gestion au projet managérial… Voilà une entreprise particulièrement ambitieuse sur un secteur où le modèle « militaro-hospitalier » prédomine !

En repartant de la méthodologie qu'il a exposée dans la première partie de sa réflexion, Alexandre JACQUES pose un diagnostic sur son terrain d'étude et… d'actions. Car, c'est bien ce dont il s'agit. A partir de ce diagnostic, l'auteur-dirigeant souhaite nous faire partager comment il va poser la stratégie de l'établissement et la mettre en œuvre.

A partir d'exemples et de situations concrètes, il nous expose comment il mobilise les sciences sociales pour mettre en œuvre une démarche de changement. L'objet-frontière est au cœur de la réflexion menée dans la première partie de son ouvrage. Il le sera aussi dans la deuxième partie avec le « projet d'accompagnement personnalisé ».

Et ce n'est pas un hasard si cet « objet-frontière » est au cœur de sa démarche de management participatif. Il est au plus près du « sens » et des valeurs que les professionnels puisent dans l'exercice de leur métier.

Accompagner les résidents en EHPAD ne peut pas seulement se faire en suivant des protocoles ou des normes…

L'analyse qu'Alexandre JACQUES développe dans les premières pages montre d'ailleurs bien les limites du système en place où cet « objet-frontière » au cœur de la qualité de prise en charge des usagers s'est progressivement transformé en un objet presque exclusivement administratif. La désappropriation qui en résulte par les professionnels en fera sa perte…

Aussi, ce ne peut pas être une coïncidence si les recommandations qui ont suivi l'affaire ORPEA portent entre autres sur le « projet d'accompagnement personnalisé » et la démarche qualité…

Le regard du terrain qu'Alexandre JACQUES nous apporte sera certainement une aide précieuse pour les professionnels en responsabilité d'équipes ou d'établissements. Je ne doute pas qu'ils pourront se retrouver dans les innombrables « matériaux du concret » présentés et s'en nourrir pour mener à bien leurs propres réflexions sur ces questions.

C'est donc avec beaucoup d'enthousiasme que je les invite à faire ce voyage et dépasser la démarche de changement menée autour de l'objet-frontière.

Comme je peux le constater dans le témoignage d'Alexandre JACQUES, lorsque le changement est à l'œuvre avec les professionnels, j'ai été toujours surpris de voir les différentes transformations qu'il peut insuffler et les nombreuses formes qu'il peut prendre au sein des organisations…

Bon voyage !

François DUPUY

Biographie François DUPUY :

Diplômé de l'institut d'études politiques de Paris et titulaire d'une licence d'histoire ancienne, François Dupuy est une figure incontournable des sciences sociales.

Expert en développement du commerce électronique, il a pris part à la réforme d'Air France et à la gestion des ressources humaines d'Usinor Sacilor.

Depuis 19 ans, il anime en tant que Professeur associé des cours de management et de psychosociologie des organisations au sein de The Kelley School of Business et du Centre européen d'éducation permanente de l'Institut européen d'administration des affaires (CEDEP-INSEAD).

En 2020, il a proposé à de nombreuses entreprises de procéder à une enquête sur le travail en confinement. Au cours de ce projet, il a mené près de 600 entretiens auprès de 9 firmes et administrations volontaires.

Aujourd'hui encore, il prend part à des conférences et séminaires sur la pensée managériale, la sociologie du changement, le management à distance ou l'innovation managériale.

Les ouvrages de François Dupuy :

Le client et le bureaucrate, Dunod, 1995

L'Alchimie du changement, Dunod, 2001

Sociologie du changement : pourquoi et comment changer les organisations, Dunod, 2004

La fatigue des élites, Seuil, 2005

Lost in Management. La vie quotidienne des entreprises au xxie siècle, Seuil, 2011

La faillite de la pensée managériale. Lost in management 2, Seuil, 2015

On ne change pas les entreprises par décret. Lost in management 3, Seuil, 2020

Introduction

A la suite de la publication de la Partie I de « Du dialogue de gestion au projet managérial », directeurs et managers d'établissements sanitaires et médico-sociaux m'ont fait part de leurs questionnements et de leurs retours d'expérience.

Plusieurs constats ont pu émerger et nous pouvons nous arrêter sur certains d'entre eux pour commencer.

Tout d'abord, par son titre « évocateur », la réflexion développée dans la Partie I, a pu être réduite *ex-ante* à comment mettre en place un « bon » système de contrôle de gestion au sein d'un établissement de la Fonction publique hospitalière. De manière très schématique, les attentes se sont portées sur l'opérationnalité de la démarche de dialogue de gestion et notamment l'élaboration d'outils comme les tableaux de bord ou les indicateurs.

Attendue sur un terrain plus technique qu'elle ne le visait, la réflexion n'a pu répondre que partiellement à ces attentes. Cependant, elle a pu progressivement les compléter en ouvrant de nouveaux axes d'investigation pour le lecteur. Par exemple, le « sens » que les professionnels pouvaient trouver dans la démarche de dialogue de gestion a été identifié comme un des principaux enjeux de la démarche.

Deuxième constat, la réflexion a suscité des questionnements quant à ses propositions managériales. Dans un établissement de la Fonction publique hospitalière, dont l'organisation est de « type militaire », que signifie « laisser le pouvoir aux professionnels », « rendre agile les organisations », « développer un cadre managérial éco-responsable » ? N'est-ce pas finalement que des mots assujettis à une communication « dans l'ère du temps » ? Quelle part de réel pourrait-on lui accorder ? Est-ce bien envisageable à l'heure des contraintes budgétaires sur le secteur ? N'est-ce pas créé des illusions qui ne seraient *in fine* que… désillusions ?

Le troisième constat a porté sur l'apport des sciences sociales[1] dans la réflexion. Bien que jugé pertinent, il a été perçu comme conceptuel et par trop « intellectualisant ». Il a également renforcé une forme de distance au sujet pour des directeurs et encadrants qui, en tant que « sportifs du quotidien », sont confrontés aux « irritants » et aux dysfonctionnements au sein de leurs établissements. Semblant par trop

---

[1] Les analyses développées dans la Partie I font appel notamment aux théories de l'acteur-réseau de Michel Callon ou des espaces de discussion de Mathieu Detchessahard.

théoriques et pas assez « pratiques », les propositions développées dans la Partie I sont ainsi devenues *ipso facto* inapplicables pour certains.

Enfin, dernier constat, le projet managérial dessiné tout au long de la réflexion met en avant le dialogue et la « primauté à celui qui fait ». Comme le rappelle Michel Hervé[2] dans la préface de la Partie I, un employé n'est pas « qu'une paire de bras et qu'une tête ». C'est aussi « un cœur, une histoire, une culture, une sensibilité, une manière de voir. Une organisation qui se prive de telles richesses est une organisation sans avenir ».

Bien que mise en place dans le Groupe Hervé, l'approche du management participatif [3] tend à déstabiliser des professionnels puisqu'elle n'est pas « dans l'ordre des choses ». Même si elle apparait comme une nécessité pour beaucoup d'entre eux, elle semble soit appartenir au catalogue des techniques du « comment gérer efficacement ses équipes » soit relever d'une philosophie managériale proche de l'utopie. Des sciences sociales à la rêverie philosophique, il n'y aurait donc qu'un pas pour certains …

Aussi, la Partie II de « Du dialogue de gestion au projet managérial » vise à prendre en compte ces constats et à les travailler dans le prolongement des réflexions développées dans la Partie I. L'objectif n'est pas tant de partager un nouveau « retour d'expérience » que de faire progresser la réflexion en apportant toujours un peu plus de « matière du concret » issu du terrain. Il ne s'agit pas non plus de faire l'apologie d'un modèle mais plutôt de réfléchir à ce qui apparait comme un « réconcilier l'inconciliable » …

Dans le sillage de la Partie I, nous nous sommes appuyés sur les sciences sociales et notamment sur les travaux du sociologue des organisations, François Dupuy.

La trilogie écrite par François Dupuy, « *Lost in management* » [4], constitue une base de réflexions et de constats sur laquelle nous nous sommes appuyés tout au long de notre analyse. Pour les dirigeants

---

[2] Michel Hervé est fondateur du Groupe Hervé (2800 salariés, 472 M€ de chiffre d'affaires). Il a été aussi conseiller auprès du Premier Ministre Michel Rocard, Député des Deux-Sèvres, Conseiller régional de Poitou-Charentes et Maire de Parthenay (79).

[3] Michel Hervé préfère le terme « concertatif » à « participatif ».

[4] Le lecteur pourra se référer à la bibliographie pour plus de précisions.

d'établissements médico-sociaux, la trilogie est une invitation, entre autres, à repenser les « disciplines » du management[5] et à reconsidérer les sciences sociales pour mieux appréhender les organisations.

Loin d'être une approche « théorique » et distante du terrain, la présente réflexion s'inscrit donc dans le prolongement des analyses développées dans la Partie I mais réintègre ce que nous pourrions appeler « un cas d'école ».

Si les réflexions de la Partie I se sont construites sur une année passée au sein des établissements hospitaliers A et B[6], celles présentées dans la Partie II s'appuient sur quatre années de travail menées sur l'établissement C. Cet établissement médico-social est d'ailleurs de taille équivalente à l'établissement B (le plus petit des deux établissements) ce qui en a fait un terrain d'étude et d'observation pertinent.

Le contexte national du secteur sanitaire et médico-social avait fait l'objet d'une présentation étayée dans la Partie I. Il ne sera pas développé de nouveau dans la Partie II. Néanmoins, la présente réflexion prend corps dans ce contexte. Aussi, nous avons décidé de lui apporter un nouvel éclairage.

Par ailleurs, la réflexion menée dans la Partie II se nourrit de spécificités telles que les constats issus des diagnostics réalisés sur le territoire de l'établissement C. Elle prend ainsi une dimension particulière dans la mesure où elle fait appel au « dedans » et au « dehors » de l'établissement C. Elle est en cela plus complète que la précédente car elle illustre par de nouveaux cas de figure les concepts qui ont pu être présentés dans la Partie I.

Le lecteur nous pardonnera les « aller-retour » réguliers entre les deux réflexions. En effet, la Partie II ne développera pas de nouveau le cadre théorique sur lequel elle s'appuie et qui avait été présenté dans la Partie I. Mais, elle y fera régulièrement référence puisqu'elle en constitue le prolongement.

Il ne s'agit pas de mettre en valeur le travail réalisé dans un environnement et un établissement dont les caractéristiques restent singulières. Il s'agit au contraire de poursuivre une réflexion sur les

---

[5] Le sociologue fait bien la différence entre discipline et science en ce qui concerne le management.

[6] L'anonymat des terrains d'étude a été choisi par l'auteur.

modes de conduite managériaux produits dans les établissements du secteur sanitaire et médico-social. Comme nous le verrons, c'est également un appel à une vision renouvelée du *New public management* sur un secteur où « une préoccupation humaniste est conciliée avec une exigence de performance »[7].

« La démarche rénovée de projet d'accompagnement personnalisé », présentée dans la Partie II, se présente ainsi comme la « clef d'entrée » que nous avons choisie pour illustrer les réflexions posées dans la Partie I.

La démarche rénovée (comme nous la nommerons par simplification) a fait l'objet d'un travail de plus de trois ans au sein de l'établissement C entrecoupés de plusieurs mois de crise sanitaire exceptionnelle. L'établissement C a été accompagné dans le cadre de ce projet par l'Agence nationale d'amélioration des conditions de travail (ANACT) puisqu'il satisfaisait aux critères de sélection du programme national « Clusters Qualité de vie au travail ».

La démarche rénovée de projet d'accompagnement personnalisé est donc un projet de transformation des pratiques professionnelles qui se fonde sur un existant déjà solide au sein de l'établissement C. L'enjeu de cette « rénovation » a été de mettre les professionnels dans un contexte d'exercice différent de celui qu'ils connaissaient auparavant. Ce projet n'a pas eu pour objet de créer une « innovation » de quelle que nature que ce soit. En cela, la démarche rénovée peut être considérée comme à la portée de beaucoup.

Comme nous l'avions identifié dans la Partie I, le projet d'accompagnement personnalisé (PAP) est un des outils envisageables dans la mise en place d'une démarche de dialogue de gestion au sein d'un établissement sanitaire et médico-social[8]. Du point de vue du sociologue, Mathieu Detchessahard, il peut être considéré comme un « actant » ou un « objet-frontière »[9].

---

[7] Ibid.

[8] « Du dialogue de gestion au projet managérial – Quelles solutions pour les établissements médico-sociaux hospitaliers ? », p.100

[9] Le concept d'objets-frontières est apparu pour la première fois dans une étude des sociologues Susan Leigh Star et James R. Griesemer en 1989. Il a fait l'objet de développements dans la Partie I.

De son côté, la démarche de projet d'accompagnement personnalisé fait référence aux processus d'interactions entre les membres d'une équipe pluridisciplinaire au sein d'un établissement médico-social pour identifier les besoins d'un résident et définir les solutions à apporter pour les satisfaire. Le document appelé « projet d'accompagnement personnalisé » est ainsi en quelque sorte le « produit » résultant de cette démarche.

Sous l'influence du *New public management*, le processus de transformation du secteur sanitaire et médico-social depuis les années 2000 a fortement influencé la démarche de projet d'accompagnement personnalisé mise en œuvre par les professionnels.

Dans la Partie I, nous avions vu comment les conflits de valeur et les « résistances invisibles » représentaient des menaces sérieuses au développement du dialogue de gestion dans les établissements médico-sociaux. La démarche de projet d'accompagnement personnalisé n'échappe pas à ce constat puisqu'elle met en tension les (apparentes) contradictions présentes sur le secteur.

Sur l'établissement C, elle commence à prendre place dans le contexte un peu particulier de l'année 2018 durant laquelle les établissements d'hébergement pour personnes âgées dépendantes (EHPAD) font face à un *bashing* médiatique. Cette « tempête médiatique » a remis en cause la qualité d'accompagnement des EHPAD auprès des résidents. Elle a touché de fait au « sens » et aux valeurs de l'exercice professionnel sur le secteur.

En parallèle, sur le département de l'établissement C, les diagnostics pilotés par les autorités de tutelle pointent des « situations d'accompagnement inadapté » qui, pour certaines d'entre elles, datent depuis près de 20 ans. Ces situations pointent des difficultés que les acteurs du territoire ont dû mal à appréhender.

Enjeu pour les pouvoirs publics et pour les professionnels des établissements médico-sociaux, la démarche de projet d'accompagnement personnalisé révèle aussi les difficultés auxquelles peuvent être confrontés les dirigeants et leurs équipes d'encadrement.

C'est à partir de ces constats que la réflexion managériale présentée dans cet ouvrage commence. Elle va continuer à investiguer et « donner corps » aux différentes solutions qui ont été proposées pour les établissements médico-sociaux dans la Partie I de « Du dialogue de gestion au projet managérial ».

Le projet d'accompagnement personnalisé : de l'expression des droits des usagers au *New public management*

I. Mouvement sociétal et évolution règlementaire au service des droits et libertés de l'usager

L'évolution du secteur médico-social durant ces 20 dernières années a été décrite dans la partie I de notre réflexion « Du dialogue de gestion au projet managérial »[10].

Il convient de rappeler que le processus sociétal promouvant la reconnaissance du droit des usagers sur le secteur médico-social avait déjà pris un tournant important à la faveur des deux lois promulguées le 30 juin 1975[11]. Il s'est poursuivi tout au long des deux décennies suivantes mais c'est véritablement en 2002 que les réformes sur le secteur médico-social s'accélèrent.

C'est dans ce contexte que la notion de « projet d'accueil et d'accompagnement » apparait pour la première fois dans le cadre législatif français avec la loi du 2 janvier 2002[12].

Rappelons que cette loi « va marquer la première étape d'une longue transformation du secteur médico-social vers une recherche continue de la performance »[13] et amorcer un intérêt grandissant des pouvoirs publics vers le développement de la qualité de prise en charge des usagers par les acteurs médico-sociaux[14].

La loi du 2 janvier 2002 va ainsi affirmer pour l'ensemble du secteur médico-social la reconnaissance de 7 droits fondamentaux pour l'usager (et son représentant légal) dont notamment le droit à un

---

[10] JACQUES A., « Du dialogue de gestion au projet managérial, Quelles solutions pour les établissements médico-sociaux hospitaliers ? », FSC Editions, 2019

[11] Loi n° 75-535 relative aux institutions sociales et médico-sociales et Loi n° 75-534 du 30 juin 1975 d'orientation en faveur des personnes handicapées.

[12] Loi n° 2002-2 du 2 janvier 2002 rénovant l'action sociale et médico-sociale.

[13] Ibid.

[14] La loi de 2002-02 posera un référentiel de 7 outils structurant pour les établissements médico-sociaux : le livret d'accueil, la Charte des droits et libertés de la personne accueillie, le contrat de séjour ou le document individuel de prise en charge, la personne qualifiée, le règlement de fonctionnement de l'établissement ou du service, le conseil de vie sociale et le projet d'établissement ou du service.

accompagnement individualisé et à la possibilité de participer directement à son projet d'accueil et d'accompagnement[15].

Dans les années qui vont suivre, la démarche des pouvoirs publics va se préciser au travers de plusieurs textes qui continueront d'affirmer le principe du libre choix de la personne, du consentement éclairé et de la « participation directe, ou avec l'aide de son représentant légal, à la conception et à la mise en œuvre du projet d'accueil et d'accompagnement qui la concerne lui est garanti »[16].

Pour les secteurs du handicap et de l'enfance, les années 2005 et 2007[17] marqueront une étape supplémentaire dans ce processus législatif.

En parallèle de ces orientations, la notion de projet d'accueil et d'accompagnement va se décliner également dans un cadre règlementaire qui organisera à la fois les pratiques professionnelles et le fonctionnement des institutions.

Cette déclinaison va toucher l'ensemble des acteurs médico-sociaux quel que soit le public accueilli.

Ainsi, par exemple, les décrets de 2005[18] concernent les établissements ou services du handicap comme les instituts médico-éducatifs (IME), d'éducation motrice (IEM), les services d'éducation spéciale et de soins à domicile (SESSAD) ou Service d'accompagnement médico-social pour adultes handicapés (SAMSAH). Ces décrets vont positionner le projet d'accueil et d'accompagnement comme un outil structurant

---

[15] Les droits fondamentaux sont le respect de la dignité, l'intégrité, la vie privée, l'intimité, la sécurité, le libre choix entre les prestations domiciles/établissement, la prise en charge ou accompagnement individualisé et de qualité, en respectant un consentement éclairé, la confidentialité des données concernant l'usager, l'accès à l'information, l'information sur les droits fondamentaux et les voies de recours ou la participation directe au projet d'accueil et d'accompagnement.

[16] Arrêté du 8 septembre 2003 relatif à la charte des droits et libertés de la personne accueillie, mentionnée à l'article L. 311-4 du code de l'action sociale et des familles.

[17] Loi n° 2005-102 du 11 février 2005 pour l'égalité des droits et des chances, la participation et la citoyenneté des personnes handicapées et loi n° 2007-293 du 5 mars 2007 réformant la protection de l'enfance.

[18] Décret °2005-11 du 6 janvier 2005 fixant les conditions techniques d'organisation et de fonctionnement des instituts thérapeutiques, éducatifs et pédagogiques et décret n°2005-223 du 11 mars 2005 relatif aux conditions d'organisation et de fonctionnement des services d'accompagnement à la vie sociale et des services d'accompagnement médico-social pour adultes handicapés.

l'organisation des professionnels et leurs activités en lien étroit avec le projet de l'institution[19].

Par ailleurs, l'ensemble des professionnels intervenant auprès de l'usager vont être invités à contribuer à la démarche de projet d'accueil et d'accompagnement quelque soient leurs champs de compétence[20]. Par exemple, le décret de 2004 [21] va préciser que « l'élaboration d'un projet individualisé d'aide, d'accompagnement et de soins, sur la base d'une évaluation globale des besoins de la personne, est conduite par une équipe pluridisciplinaire composée des personnels mentionnés aux articles D. 312-2 et D. 312-6 et coordonnée par un personnel salarié du service[22] ».

Cette volonté des pouvoirs publics de formaliser la démarche de projet d'accueil et d'accompagnement va prendre d'autant plus d'importance que l'usager va accéder de plus en plus à un réseau d'intervenants et non plus à un seul établissement durant son parcours de vie. Le projet d'accueil et d'accompagnement va ainsi permettre à l'usager de faire entendre son point de vue ou de réduire les incohérences des interventions par des équipes pluridisciplinaires rattachées à un ou plusieurs établissements ou services.

Il est à noter que l'ensemble des textes règlementaires *post-2002* réaffirmeront dans leur domaine spécifique d'application le principe

---

[19] Décret n°2005-223 du 11 mars 2005 relatif aux conditions d'organisation et de fonctionnement des services d'accompagnement à la vie sociale et des services d'accompagnement médico-social pour adultes handicapés : « Les services d'accompagnement à la vie sociale ont pour vocation de contribuer à la réalisation du projet de vie de personnes adultes handicapées par un accompagnement adapté favorisant le maintien ou la restauration de leurs liens familiaux, sociaux, scolaires, universitaires ou professionnels et facilitant leur accès à l'ensemble des services offerts par la collectivité. »

[20] Décret n°2005-223 du 11 mars 2005 : « L'usager de l'un des services mentionnés aux articles D. 312-162 et D. 312-166 participe, avec l'équipe pluridisciplinaire mentionnée aux articles D. 312-165 et D.312-169, à l'élaboration de son projet individualisé de prise en charge et d'accompagnement. Ce projet tient compte de son projet de vie et des préconisations de la commission mentionnée à l'article L. 146-9. »

[21] Décret n°2004-613 du 25 juin 2004 relatif aux conditions techniques d'organisation et de fonctionnement des services de soins infirmiers à domicile, des services d'aide et d'accompagnement à domicile et des services polyvalents d'aide et de soins à domicile (SPASSAD).

[22] Le coordonnateur du projet d'accompagnement personnalisé est appelé le « référent-résident » dans la Partie II.

directeur concernant la participation de l'usager ou de son représentant légal dans la construction et la mise en œuvre du projet d'accueil et d'accompagnement [23].

Même si les professionnels du secteur médico-social ont défini des principes d'intervention associant les personnes accompagnées aux décisions les concernant depuis de nombreuses années, il est indéniable que ces évolutions législatives ont souhaité redonner du « pouvoir » et du « vouloir » aux usagers.
En effet, en leur donnant les moyens de rééquilibrer leur droit à pouvoir et à vouloir [24] être accompagné par les professionnels en fonction de leurs besoins et de leurs aspirations, les usagers ont été repositionnés au cœur d'un vaste mouvement de transformation du secteur reconnaissant les droits et libertés des usagers.

Cependant, comme le note l'Agence nationale de l'évaluation et de la qualité (ANESM) en 2008 [25], une confusion sémantique s'installe progressivement sur le secteur médico-social avec la prolifération des appellations relatives à la notion de projet d'accueil et d'accompagnement.
Ainsi, les textes règlementaires font référence, selon le public accompagné, au projet éducatif, projet d'insertion, projet personnalisé d'accompagnement ou projet d'accompagnement personnalisé, projet individualisé de prise en charge et d'accompagnement ou projet d'accueil individualisé, projet de vie, etc.

L'ANESM constate également que l'appellation projet d'accueil et d'accompagnement est peu employée par les professionnels et que « ce sont encore d'autres appellations qui peuvent être utilisées : projet individuel, projet individualisé, projet personnalisé

---

[23] Décret °2005-11 du 6 janvier 2005 : « Les parents ou les détenteurs de l'autorité parentale (…) sont associés aussi étroitement que possible à l'élaboration du projet personnalisé d'accompagnement et à son évolution, jusqu'à la fin de la prise en charge, ainsi qu'à l'élaboration du projet de sortie (...). »

[24] Il est important de souligner que la participation de la personne à son propre projet n'est en aucune façon une obligation pour elle. Les dispositions de la loi n° 2002-2 évoquent clairement qu'il s'agit d'un droit. Les professionnels encouragent les personnes à participer et facilitent leur expression, mais ils ne peuvent pas les obliger à participer.

[25] Recommandations de bonnes pratiques professionnelles « Les attentes de la personne et le projet personnalisé », Décembre 2008

d'accompagnement... »[26]. L'hypothèse avancée par l'agence publique pour expliquer cet état de fait serait la longueur du terme ou son interprétation. En effet, la notion de projet d'accueil et d'accompagnement renverrait à une vision du projet davantage centrée sur l'intervention des professionnels que sur la personne elle-même.

Ainsi, dès 2008, le terme de « projet personnalisé » est retenu par l'ANESM qui justifie ce choix puisque le terme fait consensus sur l'ensemble des acteurs et professionnels du secteur et qu'il souligne « la démarche de co-construction du projet entre la personne accueillie/accompagnée (et son représentant légal) et les équipes professionnelles »[27].

C'est donc dans ce contexte que la notion de projet d'accueil et d'accompagnement va s'inscrire dans une nouvelle étape du processus de transformation du secteur médico-social.

---

[26] Ibid.

[27] Ibid.

II. Le projet d'accompagnement personnalisé, un outil au service du *New public management* ?

A partir de 2008, le secteur médico-social va rentrer dans la deuxième étape d'un processus de transformation qui aura débuté quelques années auparavant.

L'émergence du *New public management* qui s'appuie sur le courant de pensée néolibérale se développe depuis plusieurs années dans la fonction publique d'Etat avec plusieurs réformes-clé visant la modernisation du service public[28].

En s'appuyant sur les outils et les techniques de management développés pour les entreprises du secteur privé, le *New public management* visera à atteindre les objectifs suivants[29] :

- La satisfaction des usagers à travers le développement des compétences au sein des organisations ou l'intégration des usagers dans les processus de production ou de décision,

- La redéfinition des organisations à travers la décentralisation des responsabilités, l'externalisation de domaines de compétences ou la contractualisation entre les acteurs et,

- La recherche de l'efficience en mettant l'accent sur le contrôle des dépenses publiques et le développement de gains de productivité en instaurant des moyens de mesure et de contrôle.

Le projet d'accompagnement personnalisé relèvera bientôt de cette dynamique et constituera un des enjeux de la mise en œuvre des nouvelles réformes sur le secteur médico-social.

En conférant de nouveaux outils aux acteurs du secteur, le cadre législatif posé depuis la loi du 2 janvier 2002 a favorisé l'intégration des

---

[28] Révision générale des politiques publiques (RGPP) en 2007, Loi organique des lois de finances (LOLF) en 2008 ou loi de Modernisation de l'action publique (MAP) en 2012

[29] Le lecteur pourra retrouver de plus amples développements sur le *New public management* dans la Partie I de « Du dialogue de gestion au projet managérial ».

usagers dans les processus de production ou de décision des organisations médico-sociales. Cette contribution (implicite ou explicite) des usagers dans la transformation des processus de production ou de décision sera mesurée notamment par la satisfaction des usagers (ou de leur représentant légal). En cela, la première étape du processus de transformation du secteur médico-social vise bien à atteindre le premier objectif du *New public management*.

En repositionnant le « vouloir » et le « pouvoir » des usagers au centre des préoccupations des organisations médico-sociales, les pouvoirs publics ont affirmé leur objectif de développer la démarche d'amélioration continue de la qualité de service rendu à l'usager.

En associant les usagers étroitement à cette démarche, les pouvoirs publics ont répondu à une attente citoyenne sur laquelle ils vont continuer de s'appuyer pour atteindre les deux autres objectifs du *New public management*, la redéfinition et l'efficience des organisations.

La création de l'ANESM [30] et de l'Agence nationale d'appui à la performance des établissements de santé et médico-sociaux (ANAP) respectivement en 2008 et 2009 va permettre aux pouvoirs publics de se doter d'un cadre technique qui complètera le cadre législatif précédemment mis en place. Ces deux agences vont avoir pour mission d'accompagner et de contrôler le développement de la démarche d'amélioration de la qualité dans un cadre systémique recherchant l'efficience.

Ainsi, la définition et la mise en œuvre d'un projet d'accompagnement personnalisé avec l'usager va constituer un pilier dans la démarche d'amélioration continue de la qualité au sein de l'établissement ou du service médico-social[31]. Le projet d'accompagnement personnalisé ne va plus être seulement un outil au service des professionnels et de l'usager mais également un outil de pilotage de la transformation des organisations médico-sociales.

---

[30] Pour rappel, l'ANESM a fusionné avec la Haute autorité de santé (HAS) en 2018.

[31] L'ANESM publie régulièrement des recommandations sur la mise en place de projet d'accompagnement personnalisé adaptées aux différents champs du secteur médico-social.

Le cadre technique d'évaluation de la démarche qualité qui avait été posé antérieurement à la création des deux agences [32] va poursuivre son développement.

Le projet d'accompagnement personnalisé fera partie d'abord des indicateurs de la démarche d'évaluation interne Angélique[33] puis sera progressivement intégré dans les processus d'évaluations internes et externes conditionnant l'autorisation de création ou de renouvellement d'un établissement. Le décret du 15 mai 2007 [34] rappelle qu'un des deux objectifs propres à l'évaluation des établissements et services sociaux et médico-sociaux est de « porter une appréciation sur les activités et la qualité des prestations au regard des droits des usagers, et les conditions de réalisation du projet personnalisé ».

En 2008, l'ANESM constatait une bonne adhésion des professionnels des établissements médico-sociaux à la démarche qualité en général puisque deux établissements sur trois avaient réalisé soit une auto-évaluation soit une évaluation externe/certification [35].

Par ailleurs, chaque année, l'ANAP réalisera avec le soutien des Agences régionales de santé (ARS) des enquêtes [36] permettant d'apprécier le déploiement de la démarche d'amélioration de la qualité. Le taux de projet d'accompagnement personnalisé réalisé au sein des établissements fera partie des indicateurs de ces enquêtes. En 2018, l'ANESM constatait que 84% des EHPAD avaient réalisé un projet d'accompagnement personnalisé pour les résidents et 72% d'entre eux l'avaient co-construit avec le résident ou son représentant [37].

---

[32] Le Conseil national de l'évaluation sociale et médico-sociale (CNESM) a été créé en 2005 et remplacé par l'ANESM en 2007.

[33] Application Nationale pour Guider une Evaluation Labellisée Interne de Qualité pour les Usagers des Etablissements (ANGELIQUE).

[34] Décret n° 2007-975 du 15 mai 2007 fixant le contenu du cahier des charges pour l'évaluation des activités et de la qualité des prestations des établissements et services sociaux et médico-sociaux.

[35] Enquête nationale 2008 auprès des établissements et services sociaux et médico-sociaux - Mise en œuvre de l'évaluation interne dans les ESSMS, mars 2009

[36] Les enquêtes annuelles FLASH-EHPAD sur le secteur personnes âgées en sont un exemple.

[37] Enquête Bientraitance ANESM, 2015

Ainsi, l'instauration de moyens de mesure et de contrôle, comme le tableau de bord de l'ANAP [38], va permettre le pilotage de la transformation des organisations et plus généralement de l'offre médico-sociale sur un territoire. En cela, il satisfera pleinement le deuxième et troisième objectif promus par le *New public management*.

L'engagement des acteurs dans cette démarche à plusieurs niveaux va être assuré au travers du processus de contractualisation qui définit les moyens mis à disposition des établissements ou services médico-sociaux pour répondre à leurs missions d'accompagnement.

---

[38] Le lecteur pourra se référer à la partie I du « Du dialogue de gestion au projet managérial ».

III. Contractualisation et projet d'accompagnement personnalisé, vers une approche du *Case management*

La démarche de contractualisation entre les pouvoirs publics et les acteurs médico-sociaux marque la troisième étape du processus de transformation du secteur. Ainsi, la loi du 28 décembre 2015 relative à l'adaptation de la société au vieillissement va introduire avec les décrets de 2016 [39] une contractualisation à deux niveaux.

Nous pouvons prendre l'exemple des établissements médico-sociaux pour personnes âgées dépendantes.

Contractualisation et recherche d'efficience

Tout d'abord, le premier niveau de contractualisation instauré par les pouvoirs publics est entre l'établissement et l'usager ou son représentant légal.

Les décrets de 2016 ont permis de renforcer *ipso facto* les droits des usagers sur de nombreux sujets dont la définition des prestations-socle, la protection contre la facturation abusive de prestations non réalisées, ou encore le délai de rétractation autorisé à partir de la signature du contrat de séjour.

En 2018, l'ANESM recommandait que le projet d'accompagnement personnalisé puisse être annexé au contrat de séjour de l'usager par la voie d'un avenant dans un délai de 2 à 6 mois à compter de la signature du contrat.

---

[39] Décret n° 2016-1814 du 21 décembre 2016 relatif aux principes généraux de la tarification, au forfait global de soins, au forfait global dépendance et aux tarifs journaliers des établissements hébergeant des personnes âgées dépendantes relevant du I et du II de l'article L. 313-12 du code de l'action sociale et des familles.

Décret n° 2016-1815 du 21 décembre 2016 modifiant les dispositions financières applicables aux établissements et services sociaux et médico-sociaux mentionnés au I de l'article L. 312-1 du code de l'action sociale et des familles

La démarche de contractualisation a visé ainsi à rééquilibrer la relation entre l'offre et la demande dans un contexte de vieillissement de la population[40]. Renforcer ainsi la satisfaction de l'usager reste le principal objectif de la démarche puisque les usagers sont les principaux contributeurs au financement des établissements comme le relèvent de nombreuses études [41].

Le second niveau de contractualisation instauré est entre l'établissement et les financeurs (Assurance maladie et Conseil départementaux[42]). Il vise à améliorer l'efficience entre les ressources et les moyens alloués aux établissements du secteur en tenant compte des facteurs de politiques publiques sanitaires et d'aménagement du territoire[43].

La loi du 28 décembre 2015 a apporté deux modifications essentielles dans cette relation. Tout d'abord, la tarification à la ressource a été introduite avec des dotations en fonction du niveau de dépendance et de soins requis en fonction des besoins des usagers. La connaissance de ces besoins passe par l'appropriation d'une démarche qualité et notamment par sa formalisation au travers d'outils comme le projet d'accompagnement personnalisé [44]. Pouvoir justifier auprès des financeurs d'une prise en charge nécessitant des moyens conséquents demeure un objectif primordial de l'exercice conduit par les

---

[40] Le développement du secteur privé et plus généralement de la *Silver economy* explique également ce rééquilibrage entre l'offre et la demande.

[41] Selon l'enquête de la Caisse nationale de la solidarité et de l'autonomie (CNSA) de 2016, 50% du coût de fonctionnement d'un établissement reposait sur la section hébergement. Le reste à charge pour les usagers est évalué autour de 1900 Euros selon les enquêtes de la Direction de la recherche, des études, de l'évaluation et des statistiques (DREES).

[42] Les consultations organisées à partir de 2020 par le gouvernement autour du 5ème risque tendent à simplifier le nombre de financeurs sur le secteur médico-social.

[43] Il convient de préciser que le secteur médico-social représente plus de 1,2 million d'emplois salariés (près de 7% du secteur privé non agricole). Les établissements médico-sociaux sont bien souvent les principaux bassins d'emploi sur certains territoires ruraux en France.

[44] Les éléments quotidiens issus des transmissions font partie de cette connaissance partagée qui se déclinent sur tous les volets de la prise en charge.

établissements lors des coupes PATHOS/GIR[45] sur le secteur personnes âgées.

Dans le cadre d'une politique publique promouvant le maintien à domicile, le changement des règles budgétaires influence directement la politique de l'établissement. La contractualisation complète ainsi largement le dispositif de tarification promu par les décrets de 2016.

Cependant, l'introduction des Contrats pluriannuels d'objectifs et de moyens (CPOM) a fait face à des difficultés à partir de 2002 [46]. Depuis ces trois dernières années, leur généralisation progresse significativement puisqu'ils remplacent systématiquement les conventions tripartites [47] lorsque celles-ci deviennent caduques. La contractualisation est juridiquement opposable et, par conséquent, bien différent du principe de conventionnement.

Par la contractualisation, les pouvoirs publics se sont engagés pleinement dans la recherche d'efficience, troisième objectif promu par le *New public management*.

En effet, la recherche d'efficience à travers des gains de productivité ou des logiques de synergies fonctionne entre les acteurs du secteur. Les restructurations ou les fusions entre établissements ou services ont été largement développées depuis 15 ans comme nous l'avions présenté dans la Partie I de « Du dialogue de gestion au projet managérial ».

Les transformations de l'offre des acteurs continuent dans une certaine mesure à être toujours un enjeu pour les pouvoirs publics[48]. Cependant, elles restent bien engagées depuis plusieurs années à la faveur du

---

[45] L'équation tarifaire permet de définir, en fonction du nombre de points du Groupe Iso-Ressources (GIR) et du PATHOS, les dotations dépendance et soins reçues par les établissements.

[46] L'enquête CNSA/ANAP de 2014 indiquait que les établissements bénéficiant du CPOM appartenaient plutôt à des groupes privés (lucratifs ou non) ou à des Centres communaux d'action sociale (CCAS). Ils représentaient environ 2% du nombre total des établissements médico-sociaux en France.

[47] « Tripartites » entendu entre l'établissement, l'Assurance maladie et le Conseil départemental.

[48] Le cas des Groupements hospitaliers de territoire (GHT) sur le secteur sanitaire en est une illustration. Sur le secteur médico-social, la fusion ou les Groupements de coopération sociale ou médico-sociale (GCSMS) sont également de bons exemples.

déploiement des Contrats pluriannuels d'objectifs et de moyens (CPOM) et des mesures d'accompagnement auprès des établissements en restructuration. Elles ont répondu au second objectif du *New public management*, à savoir la redéfinition des organisations.

Le Case management

Cependant, la coordination de l'ensemble des acteurs sur le territoire demeure l'enjeu « supérieur » de cette recherche d'efficience. Elle est d'ordre systémique et concerne l'ensemble des acteurs[49]. Malgré le développement de schémas directeurs et de plans nationaux, le constat des pouvoirs publics demeure. Elle reste insuffisante malgré des améliorations.

Les déclarations de la secrétaire d'Etat aux personnes handicapées, en 2017 [50] illustre d'ailleurs la volonté des pouvoirs publics : « Penser global et coconstruire avec les personnes... Le Gouvernement entend donner à la prise en compte effective des besoins des personnes en situation de handicap, quel que soit leur handicap et leur l'âge, dans l'ensemble des réformes qu'il mettra en œuvre... L'action du Gouvernement, la mienne particulièrement aura une boussole : partir des besoins individuels des personnes en situation de handicap pour bâtir des solutions collectives et non l'inverse, en décloisonnant et simplifiant. Cela suppose de travailler en concertation avec l'ensemble des acteurs ».

L'enjeu d'une efficience maximisée du système de prise en charge passe donc par une réflexion à partir des besoins et des attentes individuels et une coordination globale des acteurs.

---

[49] Le décloisonnement entre les secteurs sanitaires et médico-sociaux est un exemple de cet enjeu.

[50] Déclaration de Madame Sophie Cluzel, secrétaire d'Etat aux personnes handicapées, sur les grandes orientations de la politique en faveur des personnes handicapées, le renforcement de la concertation avec le Conseil national consultatif des personnes handicapées (CNCPH), les chantiers d'action et le lancement de la concertation préparatoire au 4e plan autisme, à Paris le 19 juin 2017.

La notion de gestion de parcours ou *Case management* n'est pas étrangère aux acteurs du secteur médico-social puisque, depuis 2014, le dispositif « Réponse accompagnée pour tous » (RAPT) a été lancé.

Le dispositif RAPT s'intéresse exclusivement à la gestion des parcours complexes[51] et s'appuie sur la connaissance de l'usager la plus fiable possible. Un projet d'accompagnement global (PAG) est défini à partir d'une évaluation pluridisciplinaire et pluri-établissements/services de l'usager. C'est à partir de cette connaissance précise de chaque situation que les Maisons départementales en faveur des personnes en situation de handicap (MDPH) activent avec les Agences régionales de santé (ARS) le dispositif RAPT et coordonnent les acteurs.

En fonction des situations, des financements peuvent être alloués aux acteurs médico-sociaux impliqués dans le dispositif RAPT. Cette allocation de ressources spécifiques est favorisée pour apporter des moyens complémentaires aux établissements qui accueilleraient des usagers dits « sans solution »[52].

Par ailleurs, la contribution des établissements ou des services médico-sociaux au dispositif RAPT peut être un élément de la démarche de contractualisation. Ainsi, des objectifs quantifiés peuvent être également définis dans le CPOM entre les financeurs et l'établissement.

Ce financement mixte besoins/parcours qui se développe aujourd'hui de plus en plus sur le secteur du handicap pourrait devenir une généralité dans un contexte de promotion d'une société plus inclusive et de parcours multiples[53].

Depuis 2015, le projet SERAFIN-PH[54] porte cette ambition. Il a passé deux vagues d'expérimentation pour rentrer depuis 2019 dans une

---

[51] La Réponse accompagnée pour tous (RAPT) est un dispositif collaboratif qui vise une réponse individualisée pour chaque personne exposée à un risque de rupture de prise en charge lui permettant de s'inscrire dans un parcours de santé, conforme à son projet de vie.

[52] L'expression fait référence au titre du rapport de Denis Piveteau de 2014 « Zéro sans solution » : « Le devoir collectif de permettre un parcours de vie sans rupture, pour les personnes en situation de handicap et pour leurs proches ». Le rapport a annoncé le principe du dispositif RAPT.

[53] Il est intéressant de constater que des réflexions similaires sont en cours sur les soins de suite et de réadaptation (SSR) ou la psychiatrie. Elles tendent à converger vers une logique de tarification à l'activité et au parcours.

[54] Services et Etablissements : Réforme pour une Adéquation des FINancements aux parcours des Personnes Handicapées.

réflexion sur le modèle de financement retenu. Après la définition d'une nomenclature de besoins et de prestations de service associées, l'expérimentation a permis d'élaborer à partir d'un panel d'établissements une première échelle nationale de coûts (ENC) en 2018.

Cette approche pilotée par la Caisse nationale de la solidarité et de l'autonomie (CNSA) avec le soutien de l'Agence technique d'information sur l'hospitalisation (ATIH) fait écho à la démarche ENC réalisée en 1995 pour construire le modèle de tarification à l'activité (T2A). Ce modèle de financement est en vigueur depuis 2005[55] dans le cadre du financement des activités médecine, chirurgie et obstétriques (MCO) des centres hospitaliers.

La Comité stratégique du projet SERAFIN-PH a défini en novembre 2019 une feuille de route pour le projet avec une révision des modes de financement pour le secteur. Un équilibre entre un financement associé à des prestations de services- socle et à des prestations plus différenciées semble se dessiner plus généralement. Ce financement mixte permettrait de réunir les logiques de besoins et de parcours des usagers.

Financement et Case management, plusieurs questionnements

Le financement à la prestation de services serait donc une étape supplémentaire dans l'allocation des ressources par les pouvoirs publics.

L'approche peut susciter plusieurs questionnements qui ne vont pas être exposés plus en détails.

Le premier questionnement concerne les besoins de l'usager qui sont particulièrement évolutifs sur le secteur médico-social. En effet, les parcours de vie et les pathologies chroniques pour les personnes âgées dépendantes et les personnes en situation de handicap sont multiples et changeants. Dans ce contexte, les écarts entre les besoins des usagers et l'allocation de ressources associée demanderaient à être régulièrement

---

[55] Ordonnance n° 2005-406 du 2 mai 2005 simplifiant le régime juridique des établissements de santé et ordonnance n°2005-1112 du 1 septembre 2005 portant diverses dispositions relatives aux établissements de santé et à certains personnels de la fonction publique hospitalière

« actualisés » par le modèle de tarification pour être « soutenables » dans le temps[56].

Etroitement lié au premier questionnement, le second concerne la connaissance partagée par l'ensemble des acteurs dans une démarche de *Case management*. Si cette connaissance doit être accessible par les professionnels et si elle s'inscrit dans une recherche d'efficience systémique, alors elle conduit à une réflexion sur les systèmes d'information [57]. Le Plan « Ma santé 2022 » montrent d'une part l'ambition des pouvoirs publiques dans ce domaine et d'autre part l'étroite relation qui est faite entre efficience systémique et plateformes d'information. La question ne pourra être développée plus longuement dans ces pages et le lecteur pourra se référer à d'autres ouvrages qui s'inscrivent dans cette réflexion[58].

Le troisième questionnement concerne la transformation culturelle du secteur et les incidences sur le personnel. La gestion des parcours ou *Case management* constitue une étape supplémentaire dans ce que Vincent de Gaulejac pourrait appeler le « syndrome quantitatif aigu » [59]. Ce « tout quantitatif » au service de l'efficience systémique va nécessairement interroger les professionnels d'un secteur qui s'est construit historiquement sur des valeurs d'humanisme, de protection sociale et de solidarité. La question du sens au travail et plus généralement de la qualité de vie au travail va également se poser dans cette réflexion.

Enfin, associé à ce dernier point, le quatrième questionnement se porte sur le projet managérial et les outils du management que les dirigeants et les encadrants des établissements médico-sociaux peuvent mobiliser dans ce contexte de transformation. « Réconcilier l'inconciliable » demeure un défi pour les dirigeants des établissements médico-sociaux que nous pouvons aborder à présent.

---

[56] Le modèle de tarification par points en vigueur sur le secteur des personnes âgées est questionné par les professionnels précisément pour ces raisons.

[57] Les plateformes *Viatrajectoire* relèvent également de cette logique d'information au service du parcours du résident sur le secteur médico-social. Le parallèle peut être envisagé avec le Dossier médical partagé (DMP) sur le secteur sanitaire.

[58] A titre d'exemple, JACQUES A., « Technosciences et responsabilités en santé – Comment notre système de santé va être transformé ? », Editions FSC, 2016

[59] DE GAULEJAC V., « La société malade de gestion », Le Seuil, 2009

IV. Les professionnels médico-sociaux face au projet d'accompagnement personnalisé ?

Nous avons constaté précédemment que la notion de projet d'accompagnement personnalisé avait sensiblement évolué depuis son introduction dans la loi du 2 janvier 2002. Le contexte de développement du *New public management* a profondément changé le positionnement de la démarche auprès des professionnels.

Etroitement associée à la notion de bientraitance[60], la démarche de projet d'accompagnement personnalisé promue par les pouvoirs publics s'est appuyée initialement sur le principe de la recherche du bien-être de l'usager. C'est en cela qu'elle s'est appuyée sur le sens donné à l'exercice du métier par les professionnels du secteur médico-social.

Cependant, le cadre règlementaire a progressivement incité les professionnels à « intérioriser » dans leurs pratiques professionnelles la démarche de projet d'accompagnement personnalisé. Cette évolution semble avoir renforcé pour les professionnels le sentiment de « techniciser » une approche essentiellement fondée sur leur qualité relationnelle et leur savoir être.

Pour Philippe Chavaroche, l'introduction du projet d'accompagnement personnalisé a modifié profondément le sens donné à la relation entre le professionnel et l'usager : « La notion de projet d'accompagnement personnalisé ne prend plus place dans la relation entre le professionnel et l'usager mais dans un dispositif »[61]. En remettant le dispositif au centre de l'action des professionnels, le risque est grand selon lui de

---

[60] Selon la Haute autorité de santé (HAS), « La bientraitance est une démarche collective pour identifier l'accompagnement le meilleur possible pour l'usager, dans le respect de ses choix et dans l'adaptation la plus juste à ses besoins ». Elle repose sur les principes suivants : l'usager co-auteur de son parcours ; la qualité du lien entre professionnels et usagers ; l'enrichissement des structures et des accompagnements grâce à toutes contributions internes et externes pertinentes ; le soutien aux professionnels dans leur démarche de bientraitance.

[61] CHAVAROCHE P., « Le projet individuel », Eres, 2006

fabriquer « des entreprises de dé-subjectivation[62] » où l'ontologie de l'être disparaitrait au profit de la gestion du dispositif.

Ainsi, pour Philippe Chavaroche, la notion de projet d'accompagnement personnalisé vient plutôt de « l'idée moderne que tout problème a sa solution et que cette solution passe par un bon projet »[63].

La question de l'approche méthodologique se pose également puisqu'elle relève d'une uniformisation qui tendrait à appauvrir la pensée et la créativité des professionnels dans l'exercice quotidien de leurs missions. C'est en « laissant l'implication relationnelle des professionnels, soutenue par des savoirs élaborés et partagés collectivement en équipe, que l'on peut non pas solutionner le problème d'un usager mais laisser entrevoir un cheminement possible avec lui pour l'accompagner dans son devenir »[64].

Le développement d'une pensée monolithique tournée vers la fétichisation du projet comme outil « passe-partout » demeure un risque supplémentaire pour les professionnels. L'utilisation d'un lexique stéréotypé qui n'est plus questionné par les professionnels pourrait révéler un phénomène régressif des pratiques professionnelles et une « désaffection pour la pensée »[65].

Cette désaffection pourrait révéler également un profond malaise des professionnels dans l'exercice de leur mission. En effet, le projet peut alors constituer une défense efficace pour ces professionnels : « ne pas trop penser, les rassurer sur le sens de leur fonction, apporter un semblant de réponse à la question insondable « qu'est-ce que je fous là ? »»[66]. Il serait alors vecteur d'un mouvement de désengagement programmé des professionnels.

Le risque d'une fonctionnarisation voire d'une contractualisation entre l'agent et le travail pourrait être la source d'un abandon du sens collectif,

---

[62] AGAMBEN G., « Qu'est-ce qu'un dispositif ? », Payot, 2007

[63] Ibid.

[64] Ibid.

[65] Ibid.

[66] Ibid.

d'entre-aide ou de tout sentiment groupal dans la prise en charge de l'usager. Les effets ont été analysés dans la partie I de « Du dialogue de gestion au projet managérial ». Aussi, nous ne nous y attarderons donc pas.

Par ailleurs, Michel Chauvière rappelle que le développement de pratiques « néo-managériales » dans le secteur médico-social va contribuer à « vider progressivement la notion de service de son contenu relationnel et solidaire, pour en faire un objet de transaction entre un prestataire et un client »[67].

La « chalandisation » du secteur médico-social apparait bien comme un mal sans fin qui s'introduit dans la relation du professionnel à l'usager, son représentant légal ou sa famille. La volonté de promouvoir le projet d'accompagnement personnalisé comme un élément de la contractualisation avec l'usager relève de ce constat.

Elle repositionne ainsi les rôles du professionnel et de l'usager dans une relation de production/consommation de services. Dans un contexte de ressources budgétaires contraintes, la concurrence entre les organismes gestionnaires s'affirme toujours un peu plus avec le souci de valoriser l'accompagnement des usagers-clients.

Selon Phillipe Chavaroche, le risque de répondre à une injonction descendante des pouvoirs publics est donc de déconnecter de plus en plus les professionnels de la réalité clinique des personnes en situation de handicap ou atteint de maladie mentale. Il nous fait part de son inquiétude : « je vois parfois apparaître dans le discours de professionnels, l'idée de projets vitrine en tout point conformes aux attentes des autorités mais qui n'ont plus d'ancrage dans des réalités d'une clinique, certes difficile, mais abandonnée ou laissée aux « psys » avec mission impossible de réparer l'usager pour qu'il soit conforme à son projet »[68].

---

[67] CHAUVIERE M., « Qu'est-ce-que la chalandisation ? », Informations sociales, 2009

[68] CHAVAROCHE P., « La pratique du « projet individualisé » dans le champs médico-social », Champ social, 2012

Ce constat peut se doubler de la notion de « travail empêché »[69] qui se définit comme un travail qui ne peut être mené à bien du fait des contraintes de l'organisation. Particulièrement prégnant sur le secteur des personnes âgées dépendantes, il peut se traduire pour les professionnels par le sentiment d'aller contre leurs propres valeurs professionnelles et personnelles, notamment celles qui les ont conduits à exercer ce métier en institution. Le concept de « maltraitance institutionnelle » y est fortement associé.

En positionnant le projet d'accompagnement personnalisé dans le tryptique référentiel - bonnes pratiques - évaluation, les pouvoirs publics ont progressivement transformé les professionnels du secteur en « ingénieurs du social » selon Michel Chauvière[70].

Ainsi, le développement des normes réglementaires sur l'évaluation des pratiques professionnelles est un exemple de la substitution progressive par les normes réglementaires des principes constituant le sens des professions du social et du médico-social.

L'intégration du projet d'accompagnement personnalisé comme un indicateur de l'appropriation de la démarche qualité par les professionnels de santé ne fait que procéder de cette même tendance où « trop de gestion, tue le social »[71] selon Michel Chauvière. Le projet d'accompagnement personnalisé n'y échappe pas puisque, le nombre de résidents bénéficiant d'un projet d'accompagnement personnalisé est un des indicateurs des enquêtes institutionnelles.

Partie intégrante de cette démarche menée par les pouvoirs publics, le « syndrome quantitatif aigu »[72] constaté par Vincent de Gaulejac semble donc envahir les organisations du secteur médico-social soumis à la pression du *New public management*. La perte de sens constaté par les professionnels s'illustre par le témoignage de ce cadre de santé qui nous indiquait dans la partie I de notre réflexion « On nous demande de

---

[69] PETIT J. et DUGUE B., « Quand l'organisation empêche un travail de qualité : étude de cas », Perspectives interdisciplinaires sur le travail et la santé, 2013

[70] CHAUVIERE M., « Trop de gestion tue le social », La découverte, 2007

[71] Ibid.

[72] Ibid.

remplir des indicateurs, enquête ceci, enquête cela. Mais, pour les résultats, rien ne nous est communiqué ! »[73].

Le rapport de la mission « Flash » sur les Etablissement pour personnes âgées dépendantes (EHPAD) menée en 2017 par plusieurs députés précisait que la médicalisation de ces lieux de vie s'est traduite par « les pouvoirs publics en un encadrement plus technocratique qu'efficace et un foisonnement des normes qui pèsent aujourd'hui sur les établissements, sans cependant leur donner les moyens de l'évolution nécessaire pour répondre aux besoins des personnes accueillies »[74].

En 2015, l'enquête réalisée par l'ANESM sur la bientraitance a montré que près des deux tiers des usagers des établissements interrogés avaient un projet d'accompagnement personnalisé formalisé en équipe disciplinaire. Par ailleurs, près des trois quarts des projets formalisés l'avaient été avec l'usager.

En revanche, les conclusions de l'enquête de 2015 de l'ANESM[75] soulignaient également que, par rapport à la précédente enquête de 2010, le nombre d'EHPAD révisant les projets d'accompagnement personnalisés formalisés initialement avaient chuté de plus de la moitié [76] ! Alors même que les projets d'accompagnement étaient formalisés pour plus de la moitié d'entre eux sous 30 jours[77], ils n'étaient plus questionnés par les équipes malgré des changements d'état de santé, de potentialités ou de comportement des usagers…

Le constat de cette enquête de l'ANESM interroge sur l'évolution des pratiques professionnelles. La perception des professionnels sur le projet

---

[73] Ibid.

[74] Communication de Madame Monique Iborra, Rapporteure de la mission « Flash » sur les établissements d'hébergement pour personnes âgées dépendantes (EHPAD), 13 septembre 2017

[75] Les enquêtes réalisées en 2012 sur les secteurs du handicap (FAM et MAS) ont montré des chiffres similaires par rapport au constat de l'enquête de 2010 sur les EHPAD.

[76] En moyenne, seulement un tiers des établissements déclarait en 2015 réviser le projet d'accompagnement personnalisé consécutivement à un changement d'état de santé, de potentialité ou de comportant du résident.

[77] L'ANESM recommandaient que le projet d'accompagnement personnalisé soit formalisé entre 2 et 6 mois maximum.

d'accompagnement personnalisé semble s'être transformée progressivement dans le temps.

Initialement considéré comme un outil collaboratif pluridisciplinaire au service de l'usager, il apparaitrait à présent comme un objet purement réglementaire et contractuel qu'il conviendrait de renseigner pour les pouvoirs publics.

Comme le précise l'ANESM [78], « le dialogue autour du projet personnalisé est crucial lors de parcours de longue durée dans une même structure. C'est ce dialogue qui permet aux professionnels de respecter les souhaits des personnes et de leurs proches, d'être au plus près des évolutions des situations et de construire les ajustements propres à relancer une dynamique susceptible de s'enliser dans la routine de la vie quotidienne ».

La remobilisation des professionnels autour de cet outil dans une démarche collaborative est bien un enjeu pour les équipes d'encadrement et de direction des établissements médico-sociaux. C'est bien à partir de ce constat que nous allons aborder la démarche rénovée de projet d'accompagnement personnalisé dans les pages de cet ouvrage.

---

[78] Recommandations de bonnes pratiques professionnelles ANESM, « Les attentes de la personne et le projet personnalisé », 2008

Présentation et diagnostic du terrain d'étude

I. Le terrain d'étude et le projet « Cluster QVT » sur le secteur médico-social

A- LE TERRAIN D'ETUDE

Le terrain de notre étude est un établissement médico-social public intercommunal situé sur un territoire de grande ruralité. Par souci d'anonymat, nous le nommerons établissement C [79] et nous en présenterons les données descriptives de manière synthétique.

L'établissement C a été créé il y a plusieurs années après la fusion de trois établissements situés sur deux communes distantes de quelques kilomètres. Ces trois sites accueillent des publics du secteur handicap et personnes âgées dépendantes.

Les trois établissements publics autonomes ont fait partie de la même direction commune plusieurs années avant de fusionner. La décision de fusionner les trois établissements procède d'une décision impulsée par la Présidence du Conseil d'administration en lien étroit avec la Présidence du Conseil départemental et l'Agence régionale de santé.

La directrice qui a pris la direction commune a quitté l'établissement 18 mois après la fusion. La direction par intérim de l'établissement C a été finalement confié au centre hospitalier, pilote du Groupement hospitalier de territoire (GHT) et va durer 18 mois jusqu'à la nomination d'un nouveau directeur d'établissement. Depuis la fusion, le cadre supérieur de santé a pris le pilotage opérationnel de l'établissement.

La capacité totale d'hébergement sur les trois sites est d'environ 200 places qui se répartissent à parts égales entre le secteur handicap et personnes âgées dépendantes. Sur le secteur handicap, les publics accueillis relèvent d'une notification foyer de vie (FDV), foyer d'accueil médicalisé (FAM) ou enfin maison d'accueil spécialisé (MAS). Les capacités des trois secteurs sur le handicap sont identiques soit une trentaine de places. Au sein de l'établissement C, les usagers peuvent bénéficier d'un hébergement permanent ou temporaire.

---

[79] Pour rappel, les établissements A et B sont les terrains d'étude de la Partie I de « Du dialogue de gestion au projet managérial »

Sur le secteur personnes âgées dépendantes, un projet de reconstruction a été déposé sans succès en 2017. La situation financière de l'établissement C ne permettait pas de soutenir l'effort d'investissement sur la durée[80].

A partir de 2016, le Conseil départemental et l'Agence régionale de santé ont commencé une réflexion sur deux schémas directeurs. Le premier concerne les personnes âgées dépendantes et le second les personnes en situation de handicap. En parallèle, l'Agence régionale de santé (ARS) développait un plan territorial de santé mentale (PTSM) à destination des acteurs de la Psychiatrie.

En 2018, les premières concertations publiques ont eu lieu dans le but de concrétiser les orientations territoriales sur les trois secteurs. L'établissement C a pris une part active à la préparation de ces orientations stratégiques territoriales dont les lignes directrices ont émergé en 2019.

S'appuyant sur les difficultés constatées par les acteurs [81], les orientations définies se sont finalement inscrites dans une vision des pouvoirs publics centrée sur la recherche de l'efficience systémique à travers la gestion de parcours ou *Case management*.

Lors des réunions de concertation, plusieurs difficultés sont mises en lumière.

Premièrement, les « situations d'accompagnement inadapté » sont multiples sur le département de l'établissement C. Plusieurs exemples peuvent être cités comme les patients en très long séjour sur le secteur de la Psychiatrie[82], les personnes en situation de handicap vieillissantes, les « amendements creton »[83] ou le manque de solution de répit pour les

---

[80] Les résultats financiers ont été déficitaires jusqu'en 2017.

[81] Le cloisonnement des acteurs (ville/hôpital/établissements médico-sociaux), l'accès aux informations du patient/résident, la démographie médicale et soignante, l'organisation de la prise en charge inter-établissements/services, la gestion des situations complexes sont autant d'illustrations mises en avant par les participants.

[82] Sur la région de l'établissement C, plus de 350 personnes sont identifiés sous l'appellation « inadéquats de la Psychiatrie ». Près d'un quart ont une durée de séjour de plus de 270 jours en hôpital psychiatrique et près de 80% relèvent du secteur handicap selon le diagnostic posé par l'Agence régionale de santé.

[83] Sous cette appellation, il est fait référence aux personnes en situation de handicap de plus de 21 ans relevant d'une dérogation (« l'amendement Creton ») pour continuer à être pris en charge par un établissement médico-social pour enfants handicapés.

aidants de personnes souffrant de maladies neuro-dégénératives. L'ensemble de ces constats ne sont pas propres au territoire de l'établissement C mais font partie plutôt des grands constats identifiés au niveau national.

Deuxièmement, les acteurs souhaitent des « moyens » pour répondre à ces difficultés. Les demandes des acteurs du secteur se portent sur l'ouverture de places et la construction ou l'agrandissement de nouveaux établissements. Dans le contexte national, les demandes restent « lettres mortes ». Les financeurs argumentent l'inefficience du système plus que le manque de moyens. Le taux d'occupation sur certains secteurs du handicap reste le principal argument mis en avant. Par exemple, sur le secteur du handicap, certains établissements ne sont « remplis » qu'à 85%.[84]

Enfin, troisièmement, les acteurs du secteur médico-social sur le territoire se connaissent mais collaborent rarement dans les faits. Malgré les tentatives des autorités de tutelle pour mettre en lien ces acteurs[85], peu de partenariats voient le jour sur le territoire. Les sujets se traitent généralement dans l'urgence et plutôt en fonction des enjeux du moment pour les acteurs qui peuvent adopter des postures concurrentielles pour certains d'entre eux[86].

Comme nous l'avons vu précédemment, ces difficultés sont les symptômes d'une inefficience systémique constatée depuis plusieurs années sur le territoire de l'établissement C. De multiples tentatives ont été essayées par les autorités de tutelle sans aboutir. Les raisons de ces échecs sont multiples et relèvent autant de la volonté des acteurs que de la méthode pour les appréhender.

---

[84] L'argument des établissements concernés (dont l'établissement C faisait partie) portait sur l'absence du résident pour des raisons relatives à l'hospitalisation, les séjours en famille ou vacances. Ainsi, il serait extrêmement réducteur de considérer que des places étaient vacantes tout au long de l'année.

[85] La « Réponse accompagnée pour tous » (RAPT) est un des points de rencontre entre les acteurs du secteur pour essayer de résoudre ces sujets concrets. Mais, les solutions demeurent rares quand elles ne font pas l'objet de « négociation » sur les moyens entre les pouvoirs publics et les acteurs du secteur.

[86] Ce point peut être relié à l'approche du *New public management* et notamment à la mise en concurrence des acteurs pour accéder aux ressources et donc aux moyens de subsistance. Les transformations successives de l'offre se fondent notamment sur ce principe d'adaptation et de concurrence entre les organisations. Les appels à projet relèvent de cette logique.

La stratégie posée par la direction de l'établissement C début 2018 s'est appuyée sur les constats et les orientations issus de ces réunions de concertation. Elle vise à inscrire l'établissement C dans cette dynamique territoriale et à répondre aux « situations d'accompagnement inadapté » sur le territoire. La direction appellera cette stratégie d'ouverture de l'établissement C sur le territoire une stratégie de « territorialisation ».

Pour appréhender ce virage, la direction a décidé de repenser le projet managérial et de s'inscrire dans une démarche de rénovation du projet d'accompagnement personnalisé fin 2018.

Début 2019, l'établissement C rejoint le « Cluster Qualité de vie au travail (QVT) » mis en place par l'Agence régionale d'amélioration des conditions de travail (ARACT) avec le soutien de l'Agence régionale de santé.

B- LE PROJET « CLUSTER QVT » SUR LE SECTEUR MEDICO-SOCIAL

Le nombre d'accidents du travail constaté sur le secteur médico-social met en lumière des difficultés majeures dans l'exercice du travail des soignants. La sinistralité sur le secteur personnes âgées dépendantes ou aide à domicile est, par exemple, en moyenne deux fois supérieure à celle constatée sur le secteur du bâtiment [87].

Le constat posé par la direction de la recherche, des études, de l'évaluation et des statistiques (DREES) sur les difficultés du secteur médico-social, et plus particulièrement celui des EHPAD, est sans appel en 2015. A des conditions de travail particulièrement exigeantes, le secteur souffre d'une faible attractivité [88] de l'emploi dans un contexte de forte demande sociale.

Les principaux symptômes constatés sur le terrain sont, entre autres, un absentéisme élevé[89], un *turnover* du personnel très important sur des bassins d'emploi dynamiques, ou une valorisation des métiers plutôt faibles[90].

---

[87] Pour plus d'informations, le lecteur pourra se référer aux enquêtes publiées annuellement par la Direction des risques professionnels de la CNAMTS. En 2018, le nombre de journées par salarié accidenté au travail est deux fois supérieur sur le secteur médico-social par rapport au secteur du bâtiment. Le nombre moyen de journées par accident du travail sur les secteurs personnes âgées (EHPAD/Domicile) est d'environ 80 jours soit à peine 10% inférieur à celui constaté sur le secteur du bâtiment.

[88] L'enquête DREES 2015 montre que le renouvellement est fréquent sur les postes de soignants avec 15% d'entre eux qui ont moins de 1 an d'ancienneté.

[89] Madame Monique Iborra a annoncé un taux d'absentéisme de 10% sur le secteur EHPAD lors de sa communication sur la mission « Flash » menée sur les établissements d'hébergement pour personnes âgées dépendantes (EHPAD) en 2017. Le taux d'absentéisme est de 5,31% dans les établissements privés du secteur de la santé. En comparaison le taux moyen d'absentéisme dans le secteur privé (en générale) était de 4,72% en 2017, selon le 10e baromètre de l'absentéisme et de l'engagement réalisé par le cabinet de conseil Ayming.

[90] Près de 63% des EHPAD confirment avoir des postes de soignants non pourvus depuis plus de 6 mois (Enquête DREES, 2015).

A ces symptômes structurels constatés sur le secteur, la reconnaissance sociale du soignant s'est particulièrement effondrée en 2018 avec un contexte médiatique particulièrement tendu pour le secteur[91].

Cette conjoncture particulièrement difficile pour les professionnels a renforcé les difficultés pour les directions d'établissements médico-sociaux à assurer la continuité de service avec une qualité de soins et d'accompagnement « optimale ». Le constat réalisé par la mission « Flash » sur les EHPAD affirme que « l'organisation du travail est en tension et peut être la source de dégradation importante des conditions d'exercice des métiers de soignants. Dans certains EHPAD, on parle de « maltraitance institutionnelle » »[92].

Les risques métiers ont été ainsi amplifiés dans ce contexte mettant en tension les efforts menés depuis 15 ans par les pouvoirs publics pour assurer une amélioration continue de la qualité d'accompagnement et de soins sur le secteur médico-social.

Ce constat a conduit la Direction générale de la cohésion sociale (DGCS) en 2018 à étendre au secteur médico-social le « Projet Cluster QVT[93] » menée entre 2015 et 2018 sur le secteur sanitaire[94].

C'est donc dans ce contexte que le programme « Cluster QVT médico-social » a été confié en 2018 à l'Agence nationale d'amélioration des conditions de travail (ANACT). L'ANACT s'appuiera sur son réseau d'Agences régionales d'amélioration des conditions de travail (ARACT). Les Agences régionales de santé ont été chargées de coordonner la démarche de programmation avec les établissements médico-sociaux de leurs territoires.

Le programme vise à toucher plus de 300 établissements répartis sur 38 clusters, soit un échantillon d'environ 4% des EHPAD de France.

---

[91] « Ehpad bashing: pourquoi déteste-t-on (tant) les Ehpad ? », Caroline Pastorelli, Mediapart, 2019

[92] Ibid.

[93] Le terme « Cluster » est emprunté à l'anglais et signifie « groupe » et l'acronyme QVT fait référence à Qualité de vie au travail. Sur ce dernier point, le lecteur pourra se référer à l'annexe 1 qui en décrit les principaux enjeux.

[94] Plus de 160 établissements hospitaliers et cliniques ont participé aux « Cluster QVT » entre 2015 et 2018.

Concrètement, chaque « Cluster QVT » a pour objectif d'appuyer entre 6 à 10 établissements médico-sociaux dans une démarche collective et personnalisée.

Les établissements vont identifier une problématique QVT au sein de leur organisation et proposer de développer une réponse en co-construction avec leurs collègues. Chaque établissement participant est représenté par un trinôme constitué par un membre de la direction, des représentants du personnel et des professionnels soignants. Ce trinôme fait le lien avec un Comité de pilotage « projet QVT » sur la problématique identifiée au sein de l'établissement.

L'ARACT a pour objectif d'animer ces groupes de travail et d'apporter du contenu et de la méthode de gestion de projet. Les chargés de mission sont responsables de l'animation des sessions collectives mais également de soutenir les établissements sur des temps plus individualisés.

Pour l'ANACT, l'objectif est de pouvoir rassembler le maximum d'expériences terrain afin de pouvoir les partager dans un kit méthodologique mis à disposition des établissements qui seraient confrontés à des problématiques identifiées ou non au sein des clusters.

Dans le cadre du processus d'appel à projets lancé en 2019 par l'ARS et l'ARACT, l'établissement C a proposé d'intégrer le Cluster QVT avec le projet de « démarche rénovée du projet d'accompagnement personnalisé ».

Pour l'équipe de direction, l'objectif d'intégrer le « Cluster QVT » à travers cette proposition présentait plusieurs intérêts qui sont en lien étroit avec le diagnostic réalisé sur l'établissement C.

Nous pouvons à présent présenter ce diagnostic qui repose sur la méthodologie présentée dans la Partie I du « Du dialogue de gestion au projet managérial ».

II. Diagnostic de l'établissement C

Comme nous l'avons indiqué dans l'introduction, l'objectif de la partie II de « Du dialogue de gestion au projet managérial » est de permettre au lecteur - à partir « de matériaux du concret » - de s'approprier une démarche de dialogue de gestion au service d'un projet managérial « où le sens à l'action de tous » serait reconnue.

Nous reprenons donc la grille d'analyse développée dans la Partie I de « Du dialogue de gestion au projet managérial ».

Comme nous l'avons constaté précédemment, la méthodologie et la grille d'analyse sont appliquées à un nouvel environnement bien différent des établissements A et B, terrains d'étude de la Partie I.

L'analyse menée dans cette partie II se place toujours sous l'angle du dialogue de gestion dans son ensemble mais en précise la « matérialité » à partir de la démarche rénovée de projet d'accompagnement personnalisé.

L'état des lieux décrit ci-dessous n'aura pas vocation à rompre l'anonymat de l'établissement et noyer le lecteur dans des détails inutiles. Aussi, nous essaierons de rester le plus synthétique possible.

Les éléments présentés dans les pages qui suivent ont pour vocation d'apporter un éclairage sur les pistes de réflexion menées. Nous rappelons qu'ils ne peuvent en aucun cas être généralisés à d'autres établissements.

A- La culture de l'etablissement, son histoire et celle du territoire dans lequel il s'inscrit

L'établissement C est situé sur un territoire dont les diverses études sociologiques et démographiques[95] soulignent plusieurs caractéristiques importantes à considérer dans notre étude[96]. Ces éléments ont pu se vérifier *in situ* au sein des équipes de professionnels de l'établissement. Ils en prennent d'autant d'importance dans le diagnostic posé.

Le territoire de l'établissement C

Tout d'abord, le territoire est caractérisé par sa ruralité et son « conservatisme ». Ceux sont deux éléments qui restent des marqueurs du concret. La communauté d'entre-aide est très présente et peut s'illustrer de plusieurs manières.

Tout d'abord, elle peut être constatée au travers d'un tissu associatif dynamique et porteur d'initiatives collectives et locales sur le territoire. Le bénévolat est très investi auprès des publics sociaux et médico-sociaux. Il peut être un véritable soutien dans l'accompagnement au quotidien des usagers de l'établissement C, par exemple.

Pour la direction de l'établissement C, cet « esprit » d'entre-aide se traduit dans l'exercice des professionnels au quotidien. Par exemple, les remplacements d'agents se font plutôt spontanément afin d'assurer la continuité de service. Ils s'inscrivent dans une logique « on va s'arranger avec le collègue » et la gestion de l'absentéisme peut s'en trouver facilité.

L'esprit de « communauté d'entre-aide » s'apprécie également dans les liens extra-professionnels que peuvent avoir les agents entre eux. La vie de l'établissement et le quotidien du soignant fait partie du « hors les murs » de l'établissement. Avec humour, certains agents font le constat que le « téléphone local » fonctionne bien plus rapidement qu'internet

---

[95] L'Institut national de la statistique et des études économiques (INSEE) publie régulièrement une observation sociale par département français.

[96] Par souci d'anonymat, aucune référence statistique chiffrée ne sera donnée dans le diagnostic.

sur le territoire[97]. De plus, certains agents peuvent être investis dans la vie politique locale et être membres de conseils municipaux. La direction devra prendre en considération ce sujet dans sa stratégie de communication interne et externe.

D'un point de vue démographique, la population est plutôt vieillissante avec une moyenne des plus de 65 ans nettement supérieure à la moyenne nationale.

La population agricole et ouvrière prédomine sur le bassin territorial de l'établissement. Les communes où se situe l'établissement ont vécu la désindustrialisation des années 1980 avec la fermeture de plusieurs centres de confection textile. Le rapport au travail véhiculé par une culture de l'entreprenariat agricole se traduit également dans l'établissement C par l'engagement des professionnels dans leurs missions au quotidien.

La notion de famille est particulièrement prégnante sur le territoire. Elle est qualifiée de « paroxystique » pour Hervé Le Bras et Emmanuel Todd[98]. Le taux de familles nombreuses est nettement plus élevé que la moyenne nationale. Dans l'établissement C, il est courant d'avoir plusieurs membres d'une même famille employés sur un secteur[99]. De même, une relation de parenté plus ou moins étroite avec les résidents est fréquente. Ces relations interpersonnelles sont déterminantes pour le diagnostic. Nous les abordons un peu plus tard dans la dimension « sens collectif et esprit d'appartenance ».

L'établissement C constitue depuis 30 ans un bassin d'emploi important sur le territoire. Cette forme de singularité contribue également pour les professionnels à cette forme de filiation-transmission dans la culture et les valeurs de l'établissement.

Le déficit de cadres et le faible niveau de formation initiale des actifs[100] sur le territoire est une caractéristique qui pourra être mise en

---

[97] Le déploiement de la fibre optique est un des programmes d'aménagement du territoire.

[98] LE BRAS H. et TODD E. « L'invention de la France », Pluriel, 1981

[99] Le sociologue François Dupuy présente ce phénomène d'endogamie du recrutement comme une caractéristique d'organisation particulièrement hermétique au changement.

[100] Près de la moitié de la population entre 30 et 59 ans ont achevé leurs études sans diplôme. Cependant, il est important de noter que sur l'ensemble du territoire, la réussite au brevet des collèges des jeunes est excellente.

perspective avec une défiance prononcée vis-à-vis des « élites[101] ». Ce point pourra être régulièrement avancé par les professionnels dans des situations de tension et sera un facteur important à prendre en compte dans la démarche managériale.

Le taux de chômage est particulièrement faible par rapport à la moyenne nationale. Selon l'Institut national de la statistique et des études économiques (INSEE), il s'explique en partie par un taux d'activité élevé pour les jeunes et les femmes.

Cependant, le niveau de pauvreté est présent sur le territoire. Il est particulièrement élevé pour la population des plus de 65 ans. Sur le secteur EHPAD de l'établissement C, le taux des résidents bénéficiant de l'aide sociale est deux à trois fois supérieur à la moyenne départementale.

Histoire et culture de l'établissement C

L'histoire et la culture de l'établissement C sont à l'image du territoire.

Tout d'abord, l'histoire des établissements avant la fusion procède des valeurs d'entre-aide et d'engagement de la communauté territoriale locale.

L'hospice - initialement fondée par une communauté religieuse dans la première moitié du XIXème siècle - a été transformé en maison de retraite au début des années 1980. Sa conversion en EHPAD a eu lieu finalement dix ans avant la fusion. Sur le secteur handicap, un des deux sites a été construit grâce à l'initiative d'une association de familles très active sur le département. La contribution financière de cette association a été également déterminante pour la création de cet établissement.

---

[101] Par « élite », nous faisons référence à une classe « dirigeante » qui aurait bénéficié d'un enseignement supérieur à Paris ou dans une grande ville de France. Le directeur de l'établissement, les cadres de l'ARS ou de la Préfecture et dans une moindre mesure le Conseil départemental peuvent représenter cette « élite » pour les agents. Les rendez-vous (inspection ARS ou visite de délégation territoriale) qui ont pu avoir lieu dans l'histoire de l'établissement C n'ont pas favorisé un changement de cette image pour les professionnels. La défiance vis-à-vis des élites s'est également nourrie de la désindustrialisation du bassin d'emploi dans les années 1980.

Le projet de direction commune entre les établissements est né de la volonté des élus politiques locaux. L'objectif est de pouvoir donner une nouvelle impulsion pour le territoire local et de pérenniser l'ancrage de l'établissement et des infrastructures dans les années à venir [102]. Il faudra quelques années pour que la direction commune lance le projet de fusion, anticipant les orientations départementales de quelques années.

Le projet de fusion a été essentiellement argumenté autour d'une logique de synergies avec la mutualisation des fonctions support (cuisine ou blanchisserie) et la centralisation des équipes support (administratives, qualité, techniques ou système d'information). L'objectif premier « d'unir ses forces » a été pour les élus de pérenniser l'activité et développer un projet de reconstruction pour l'EHPAD.

Cette anticipation du politique sur la « réalité du vécu » des professionnels n'a pas été comprise par le personnel au début du processus. La perception s'est portée plutôt sur une injonction à la mutualisation des établissements par les « autorités de tutelle ».

La perspective de réduction de postes et d'homogénéisation des cultures professionnelles n'a pas été sans négociation avec les représentants du personnel. « Le maintien de l'identité de chaque établissement » a été une condition *sine qua non* de la négociation, tout comme la mobilité sur la base du volontariat des professionnels.

Pour les représentants du personnel, la fusion est vécue comme « forcée » et justifiée par une logique strictement comptable et financière : Pour rembourser le nouveau bâtiment de l'EHPAD, il faut détruire des postes. Le discours autour de la recherche d'efficience du *New public management* est en vigueur dans le dialogue social[103].

L'articulation avec la politique territoriale ne peut être visible à ce stade puisque les schémas directeurs sur le Grand Age ou le Handicap ne sont pas encore élaborés par les autorités de tutelle. Ainsi, par exemple, les arguments d'une meilleure articulation des parcours entre le secteur handicap et personnes âgées de l'établissement C ne sont pas suffisamment visibles et audibles pour les professionnels.

---

[102] Les deux communes de l'établissement C totalisent environ 3000 habitants et bénéficient d'une maison de santé, d'un collège ou d'une maison d'assistantes maternelles. Cette infrastructure est garante d'une dynamique territoriale pour les élus locaux.

[103] Dans la partie I de « Du dialogue de gestion au projet managérial », ces questions ont été également très présentes pour les établissements A et B.

Dans un contexte de direction par intérim, le consensus social va primer et les synergies souhaitées ne pourront être atteintes par l'établissement C. Le projet déposé en 2017 pour un nouveau projet architectural sera refusé notamment pour des raisons économiques. La lisibilité de l'offre de services de l'établissement C est également difficile dans la mesure où les orientations territoriales n'ont pas été posées à ce stade.

B- LA SITUATION CONJONCTURELLE DE L'ETABLISSEMENT

La redéfinition des politiques Grand Age et Handicap sur le département est un élément important dans la trajectoire de l'établissement C. La difficile lisibilité entre les politiques publiques territoriales et le projet de fusion des trois établissements a replié progressivement l'établissement sur lui-même. Une forme de « mise en sommeil » s'installe et le désintérêt de la direction de l'établissement pour tout sujet émergeant à plus de 15 kilomètres de l'établissement[104] se ressent.

La tentation au « repli » a été d'autant plus attirante que la fusion a fortement mobilisé les équipes d'encadrement et de direction. Les sujets sont multiples et la préparation de l'évaluation interne et du projet d'établissement en 2016 ont sollicité beaucoup d'énergies.

L'équilibre budgétaire est atteint en 2017 lors du dépôt du dossier de financement du projet architectural. Cependant, il reste considéré comme fragile et ne justifie pas la validation du projet pour les financeurs en 2018.

A partir de la fusion, l'évolution des publics accueillis sur les secteurs personnes âgées et handicap s'est accélérée. Les situations d'accompagnement inadapté sont présentes sur le territoire de l'établissement C et font écho aux constats réalisés lors des réunions de concertation sur le département. Plusieurs points sont à souligner.

Tout d'abord, le maintien à domicile des personnes âgées tend à retarder fortement l'entrée en institution. Les durées de séjours se réduisent très fortement induisant une perte de sens pour les équipes confrontées de plus à la fin de vie et aux soins palliatifs. A titre d'exemple, entre 2018 et 2020, les durées de séjour vont être divisées en moyenne par trois[105] sur l'établissement C.

Les personnes âgées souffrant de troubles du comportement vont également être plus nombreuses. Les conséquences sur l'exercice professionnel quotidien des soignants sont immédiates : agressions

---

[104] A 20 Km de l'établissement, un centre hospitalier local est présent avec une capacité en médecine et soins de suite et de réadaptation. La capacité EHPAD de cet établissement est deux fois plus importante que l'établissement C. Les projets de direction commune ont été envisagés dans le passé.

[105] La durée de séjour constatée fin 2020 approchait les 12 mois.

verbales et physiques, déambulations et refus de soins, etc. Comme les entrées se font par l'équipe d'encadrement au « fil de l'eau », les profils de résidents se diversifient considérablement sur toutes les unités de l'EHPAD. Ceci induit des troubles du comportement et de l'agressivité entre les résidents d'une même unité. Les équipes soignantes vont être également confrontées aux difficultés liées à ces interactions nouvelles.

Sur les secteurs du handicap, le constat posé par l'équipe de direction est celui d'un « manque de flux ». Le public présent est accueilli depuis plusieurs années voire décennies. Le vieillissement des résidents conduit à une plus grande dépendance et à des besoins médicalisés accrus. Les équipes sont de plus en plus orientées sur les soins et de moins en moins sur l'accompagnement (« l'éducatif se raréfie »).

Par ailleurs, les accueils d'urgence pour des situations complexes sont rares sur les secteurs du handicap de l'établissement C. Cependant, ils sont toujours réalisés dans le cadre d'une réponse accompagnée pour tous (RAPT) pour faire face à une situation d'accompagnement inadapté identifiée sur le territoire. N'étant pas anticipés par l'équipe de direction, ces accueils mettent en difficulté les équipes et sont vécus comme des échecs. Ils renforcent l'idée que les problèmes viennent du « dehors » et motivent ainsi le repli de l'établissement C sur son infra-territorialité.

Tant sur les secteurs du handicap que celui des personnes âgées dépendantes, les prises en charge sont globalement plus difficiles pour les professionnels tant d'un point de vue physique que mental. Ces difficultés sont ressenties et exprimées par les professionnels. Elle a conduit l'équipe de direction à engager un programme de formation pluriannuelle à l'Humanitude[106], aux troubles de l'agressivité ou encore à la fin de vie.

Mais, l'évolution des prises en charge se traduit par des difficultés organisationnelles au sein de l'établissement C. Dans un contexte d'attractivité des métiers médico-sociaux tendu, les marges de manœuvre budgétaires demeurent limitées pour renforcer les organisations et remplacer l'absentéisme. La politique d'investissement témoigne également de ces choix. La vétusté du matériel mobilier est constatable sur l'ensemble de l'établissement.

---

[106] Le généticien, Albert Jacquard, va « populariser » le terme d'Humanitude à partir de son ouvrage *Cinq milliards d'hommes dans un vaisseau* (Seuil, 1987). Cette approche philosophique sera théorisée par Yves Gineste et Rosette Marescotti au travers des formations « Humanitude » qui rencontreront un succès important auprès des professionnels du secteur médico-social dans les années 1990.

En 2018, l'équipe de direction de l'établissement C définit une stratégie de « territorialisation » qui visera à répondre à la triple commande :
- Mieux répondre à l'évolution des besoins sur le territoire en valorisant le savoir-faire des professionnels au travers de dispositifs d'accompagnement plus spécialisés
- Redonner des marges de manœuvre aux organisations en positionnant les « bonnes compétences, au bon moment, au bon endroit »
- Préparer le projet architectural à partir des ressources dégagées des axes précédents

La mise en œuvre d'une démarche de dialogue de gestion se prête à ce contexte et s'appuie sur le tryptique résidents - professionnels - Institution.

La démarche rénovée de projet d'accompagnement personnalisé sera un levier préférentiel pour favoriser la démarche de dialogue de gestion au sein des équipes. Elle s'inscrit dans ce contexte.

C- LE MANAGEMENT ET LA GOUVERNANCE DE L'EQUIPE DE DIRECTION

Depuis le départ de la directrice en 2016, un intérim de direction a été confié à une des directrices adjointes du centre hospitalier support du GHT. L'objectif est d'assurer une continuité d'intégration de la fusion en collaboration étroite avec le cadre supérieur de santé. Ce dernier sera en charge de la conduite opérationnelle de l'établissement pendant plus de 18 mois.

Pour l'ancienne direction et le cadre de santé de l'EHPAD, la fusion a constitué un « saut » professionnel important à plus d'un titre.

Tout d'abord, l'intégration du secteur handicap avec une culture métier différente constitue une première complexité. De plus, les modalités d'organisation et les pratiques professionnelles sur ces secteurs étaient largement différentes de l'EHPAD.

Par ailleurs, la distance entre les trois établissements n'était pas seulement géographique. Les liens entre les établissements sont restés distants durant la période de direction commune précédant la fusion.

Ainsi, doubler la « surface organisationnelle » à manager tout en triplant le nombre de sites sera un défi que l'équipe en place aura à relever en très peu de temps. Aucun accompagnement managérial sur le plan organisationnel n'a pu être réalisée après la fusion faute d'une direction stable.

La logique de fusion décrite précédemment a amené une visibilité sur le territoire que l'équipe de direction a dû appréhender. Elle s'est traduite, plus généralement par une « complexation » du pilotage de l'établissement C. La taille de l'établissement C a logiquement amené les autorités de tutelle à souhaiter être plus et mieux informées qu'auparavant. Les demandes d'enquêtes ou les inspections sont des exemples de la traduction administrative et règlementaire de ce changement pour la direction[107]. La relation avec les financeurs a donc changé une fois la fusion réalisée.

Enfin, le contexte de départ de la directrice et le passage dans une période d'intérim (« à durée indéterminée en 2016 ») a créé également

---

[107] Elle a nécessité la création d'un poste d'animatrice de la qualité rattachée au cadre supérieur de santé.

une période d'incertitudes pour l'équipe d'encadrement et les agents[108]. Le temps « court » a pris le dessus sur le temps « long » dès le moment où la fusion a été approuvée. Les aspects opérationnels ont prédominé dans le cadre managérial posé à la fusion.

Dans ce contexte d'incertitude, le mode de gouvernance choisi a été la verticalité. Il se caractérise par un processus de décision en « étoile » avec un centre « névralgique ». La maîtrise du processus de décision et le contrôle de sa mise en œuvre y est très fort. Ainsi, tout responsable d'équipe ou cadre doit valider une décision opérationnelle auprès du cadre supérieur de santé. Pour les aspects règlementaires, la directrice par intérim est sollicitée. Sa spécialisation fonctionnelle dans le domaine budgétaire et financier l'amène à entériner des décisions opérationnelles sur la base des arbitrages proposés par le cadre supérieur de santé.

La lecture de l'organigramme explicite l'analyse sur les processus décisionnels au sein de l'établissement. Toutes les fonctions reportent au cadre supérieur de santé soit d'un point de vue hiérarchique (cadres de proximité sur les secteurs) soit d'un point de vue fonctionnel (responsables administratif ou fonctions support).

Le modèle appliqué sur l'EHPAD a été répliqué *in-extenso* sur l'ensemble de l'établissement C en ajustant les contours. Ainsi, la création de la fonction de « cadre supérieur de santé » à la fusion, traduit une triple volonté de la part des acteurs.

Premièrement, il convient de légitimer l'équipe direction/cadre de l'EHPAD qui a porté le projet de fusion[109]. Deuxièmement, cette appellation fonctionnelle permet d'affirmer l'orientation de la gouvernance décrite précédemment avec un cadre supérieur au centre des processus de décisions. Troisièmement, il confirme l'ambition de séparer la « stratégie » de « l'opérationnel » qui relève des cadres proximité nommés sur chaque secteur.

---

[108] Il est à noter que plusieurs tours de recrutement de directeur n'ont pas permis de pourvoir le poste vacant pendant cette période d'intérim.

[109] La fusion des trois établissements en fait un établissement de taille conséquente pour le secteur médico-social. Elle a été l'opportunité d'un changement statutaire pour la directrice et le cadre de l'EHPAD qui ont été donc promus « mécaniquement ».

Nous pouvons nous attarder maintenant sur la fonction de cadre de proximité. Le terme « proximité » souligne le rôle de la fonction, à savoir développer une relation de proximité de la direction (par délégation) auprès des agents[110]. L'objectif pour l'équipe de direction est de concentrer les questionnements des agents sur des « relais » présents en proximité sur chacun des trois sites. Les marges de manœuvre laissées aux cadres de proximité demeurent néanmoins faibles en termes de décision. Ils sont clairement assignés à la gestion des irritants[111] du quotidien. L'horizon temps de leur mission est le temps court.

La gestion des plannings, les demandes des agents ou des résidents sont le quotidien de cette fonction de proximité. Le sentiment d'être le « tampon » entre la direction et les agents prédomine sur certains secteurs. Le diagnostic sur le « sens collectif » ou l'esprit d'appartenance au groupe confirmera ce point[112].

Le pilotage du secteur leur est confié sur le principe mais pas dans les faits car les décisions sont prises par le cadre supérieur de santé. Les exemples sont multiples. Par exemple, les entretiens individuels des paramédicaux[113] sur chaque site étaient automatiquement conduits par le cadre supérieur de santé. De même, la conduite d'un projet de réorganisation sur les secteurs était pilotée par le cadre supérieur de santé avec le soutien du cadre de proximité. Dans le quotidien, tout recrutement sur l'établissement C passe par le cadre supérieur de santé et les cadres de proximité n'y sont pas associés.

Le profil des cadres de proximité est celui du « faisant fonction »[114] : éducatrice spécialisée ou infirmière diplômée d'Etat. La constitution de

---

[110] La dénomination « cadre de proximité » est une appellation qui n'est pas commune sur le secteur. Dans la Fonction publique hospitalière, la dénomination courante serait plutôt « faisant fonction de cadre de santé ».

[111] Les irritants sont tous les « dysfonctionnements » qui sont identifiés par les équipes et pour lesquels la fonction cadre est « submergée ». Le lecteur se référera à l'analyse développée dans la Partie I de « Du dialogue de gestion au projet managérial ».

[112] Le sociologue François Dupuy parle de « sacrifice de l'encadrement de proximité » dans « *Lost in management*, la vie quotidienne des entreprises au XXIème siècle ».

[113] Dans une moindre mesure, les psychologues sont également entretenus par délégation de la direction auprès du Cadre supérieur de santé.

[114] Cette dénomination mériterait probablement de s'y attarder car, au-delà de la définition du professionnel qui est mis en situation de cadre par sa fonction, il n'a pas officiellement le statut. Ce dernier point dans la Fonction publique hospitalière peut créer une

cette équipe s'est faite essentiellement sur une base historique plus que sur une réflexion managériale globale. Majoritairement de culture sanitaire, les « faisant fonction cadres » de l'établissement C ont été positionnés dans une logique opérationnelle court terme en lien avec la période d'intérim. L'objectif est de soutenir les équipes en proximité pour répondre aux difficultés qu'elles peuvent rencontrer du fait de l'évolution des publics qu'elles accompagnent.

D'un point de vue pragmatique, la gouvernance de l'équipe de cadres reste « standard » au travers de réunions hebdomadaires combinées avec des temps d'échange spécifiques sur les secteurs. Les échanges se fondent sur des transmissions orales[115] et bilatérales cadre de proximité-cadre supérieur (en lien avec le schéma de management en « étoile »).

La relation avec les autres fonctions (administratives ou technique, par exemple) est plus distendue. Le lien hiérarchique reste celui de la direction même si l'opérationnalisation du quotidien nécessite des interactions entre l'équipe cadres de proximité et les autres responsables. Ces interactions relèvent de la responsabilité du cadre supérieur en règle générale.

L'intégration des équipes administratives sur un seul site (celui de la direction) permettra de favoriser ces échanges mais le lien soignant/administratif reste plutôt disjoint. Les réunions entre les cadres de proximité et les responsables des autres fonctions se font sur la base d'une distance culturelle.

Globalement, la gouvernance de l'établissement C fait écho à un mode de type hospitalier verticalisé que nous avons rencontré dans les établissements A et B. S'exprimant dans un contexte d'incertitude marquée, la structure mise en place traduit également une stratégie de réponse de l'équipe de direction/cadres par rapport au collectif. Il convient à présent de s'attarder sur un nouveau volet du diagnostic, l'esprit d'appartenance au groupe au sein de l'établissement C.

---

délégitimation de la fonction ou de celui qui fait fonction. Les difficultés peuvent être de fait auto-construites par le dispositif.

[115] Très peu de comptes-rendus formalisent les échanges et décisions prises lors de ces réunions.

D- LE « SENS COLLECTIF » OU L'ESPRIT D'APPARTENANCE AU GROUPE

Nous avons pu diagnostiquer que les caractéristiques culturelles du territoire étaient fondées sur une communauté d'entre-aide locale où la contribution de chacun était réalisée dans le bénéfice de tous avec des phénomènes de réciprocité entre les acteurs[116].

La proximité interrelationnelle entre d'une part les agents entre eux et d'autre part les agents et les résidents renforce le sentiment d'appartenance à une communauté. Les exemples d'expression de ce sentiment sont observables au quotidien : remplacement de collègues absents, circuit d'informations informelles, relations interprofessionnelles en dehors du cadre professionnel, etc.

L'isolement géographique et « l'ex-centration » de l'établissement C par rapport à des zones péri-urbaines ou urbaines plus disséminées sur le département renforce le sentiment d'un collectif homogène [117] et limite les « brassages » avec de nouveaux professionnels.

L'établissement accueille plus d'une centaine de stagiaires par an mais seulement quelques-uns vont rester pendant quelques mois pour leur première expérience à la sortie des instituts de formation. D'ailleurs, généralement, les professionnels qui restent ont une appartenance groupale guère éloignée du territoire de l'établissement. L'isolement géographique est la principale cause invoquée par les stagiaires qui, de manière unanime, saluent la bienveillance et l'accueil des professionnels de l'établissement lors de leur stage.

La faiblesse du turnover et l'ancienneté des agents sur l'établissement C semblent être les deux faces de la même pièce de monnaie.

Cette appartenance au groupe représente pour les individus une opportunité mais également une contrainte.

---

[116] Nous renvoyons volontiers le lecteur à la théorie du don et contre-don de Marcel Mauss (MAUSS M., « Essai sur le don. Forme et raison de l'échange dans les sociétés archaïques », Année sociologique, 1923)

[117] Il convient de préciser qu'en aucun cas, la description qui est faite ne doit donner l'impression au lecteur d'un « monde tout rose » où les conflits entre individus ou groupes d'individus n'existent pas.

L'opportunité se mesure par le partage de valeurs et d'une identité propre affirmée. L'appartenance à un collectif demeure aussi le moyen le plus explicite pour « faire valoir ses droits ».

Ainsi, dans le cas d'une situation d'arbitrage, la réaction du « collectif » pourra se faire plus pressante auprès d'un cadre de proximité. Elle sera jugée plus efficace dans tous les cas qu'une réaction individuelle ou d'intermédiation *via* les représentants du personnel. Cette pression du collectif peut faire naître une « logique inversée » dans les relations hiérarchiques qui met en difficulté les cadres de proximité.

La contrainte mesurée pour les agents s'inscrit dans une forme de « dissolution » de son individualité au profit du groupe.

Ainsi, l'expression d'une opinion dans le cadre d'une prise de parole collective reste pour certains une grande difficulté[118]. Le souhait de développer un parcours professionnel plus valorisant[119] peut être freiné par une anticipation du ressenti du groupe. Cette pression groupale (implicite ou explicite) est intériorisée par les individus dans leur comportement. Les agents qui arrivent à s'en affranchir ont anticipé cette pression et ont développé une stratégie *ad-hoc* comme, par exemple, une sortie « programmée » de l'établissement C à terme.

Pour la direction, les mécanismes d'autorégulation dans le collectif peuvent être un facteur positif et négatif. En effet, si la cohésion et l'entre-aide peuvent prédominées dans une équipe, elles peuvent avoir aussi son « envers ».

L'adhésion à tout changement peut ainsi être rejetée sur la base du sentiment que ce changement pourrait mettre en difficulté certains membres du groupe. La solidarité ou la pression groupale va primer dans ce cas.

De plus, toute mobilité pourra être vécue comme une entreprise de « déstabilisation » pour l'agent concerné mais également pour le groupe.

---

[118] Pour les agents plus à l'aise, des éléments objectifs peuvent expliquer leur plus grande propension à porter les idées du groupe lors d'échange avec la direction ou de mettre en avant des demandes voire des revendications. L'ancienneté ou son rôle au sein de la « communauté d'entre-aide », la connaissance des résidents ou tout simplement le statut de l'agent (agent titulaire ou non) en sont des exemples.

[119] Les moyens sont multiples : formations individuelles, mobilité fonctionnelle ou sectorielle, prise de responsabilité plus importante dans le cadre de projet institutionnel

Par exemple, une mobilité organisée par la direction pour positionner « la bonne compétence au bon endroit et au bon moment » pourrait être ressentie *a priori* comme une entreprise de réorganisation ou une sanction déguisée par les agents. Dans le cadre du consensus social atteint par l'équipe de direction après la fusion, la mobilité s'entend sur la base du volontariat pour les agents et les représentants du personnel. Un changement d'unité (même mitoyenne sur le même secteur) est perçu par certains agents comme une mobilité. La mobilité se vit ainsi comme un changement de résidents au sein du même établissement comme avant la fusion.

Le diagnostic du sentiment d'appartenance à un groupe est donc primordial dans la question de la gestion du changement.

Tout d'abord, sur les pas de François Dupuy[120], il convient de bien rappeler que la structure n'est pas l'organisation. Si la structure est le cadre théorique et abstrait, l'organisation est la réalité ou le concret.

Ainsi, ce n'est pas parce qu'un agent occupe une fonction dans un organigramme qu'il va se comporter comme tel dans l'organisation.

L'interrelation de cet agent avec le reste des acteurs va s'inscrire dans ce que Michel Crozier et Erhard Friedberg appelle un « système concret d'acteurs »[121]. Dans ce système, les comportements vont s'adapter les uns aux autres en fonction des jeux de pouvoir et d'enjeux.

Ainsi, le sens collectif va influencer l'interaction entre deux agents du même groupe. Nous avons évoqué précédemment le sentiment de pouvoir et de hiérarchie inversée entre les agents et les cadres de proximité au quotidien. Le groupe, c'est le contre-poids à la hiérarchie et à l'injonction descendante.

Le sentiment d'une « mise sous cloche » par le groupe peut être ressenti par le cadre de proximité. Le jeu de pouvoir/contre-pouvoir pourra être rééquilibré à travers des « astuces » ou des outils du management. Les plannings en sont un exemple. La flexibilité du cadre de proximité et du groupe à pouvoir s'adapter à une demande d'un agent sur une récupération ou un jour de repos pourra rentrer dans ce jeu de pouvoir auquel les acteurs participent.

---

[120] DUPUY F., "*Lost in management* 2 : La faillite de la pensée managériale », Seuil, 2015

[121] CROZIER M. et FRIEDBERG E., "L'Acteur et le système : les contraintes de l'action collective », Seuil, 1992

L'expression de ce jeu de pouvoir est bien plus incertaine pour les professionnels paramédicaux ou les psychologues. Ces professionnels de « catégorie A »[122] n'ont pas les mêmes « atouts » pour jouer ce jeu avec les agents. Il s'en ressent très vite une perte de sens ou un manque de reconnaissance de leur travail par les équipes[123].

En effet, ces professionnels sont confrontés au collectif sous différentes formes. Leurs difficultés à appréhender le groupe sont nombreuses dans leur quotidien. Par exemple, les infirmières ont la responsabilité de la distribution des médicaments et le respect des protocoles de soins. Le non-respect de ces règles est source de conflits avec un agent et donc avec son équipe. Pour les ergothérapeutes, la dévalorisation de l'exercice métier par les agents peut amener un sentiment de perte de sens (« ils ne sont là que pour régler les fauteuils des résidents »).

Pour les psychologues, par exemple, la production de bilans ou les pistes proposées pour améliorer la lecture ou l'accompagnement des troubles du comportement chez certains résidents, peuvent également être « niées systématiquement » par les agents. L'effet d'isolement n'en est que plus vite ressentie. Les départs fréquents de ces professionnels peuvent être d'ailleurs l'expression de ces symptômes de « non reconnaissance ».

Ces jeux de pouvoir favorisent des stratégies de la part des professionnels paramédicaux ou psychologues. On se rapproche du groupe tout en sachant qu'on n'en fera pas partie[124]. Il y a alliance avec le collectif dans une logique d'exercice de pouvoir et contre-pouvoir par rapport au cadre de proximité[125].

Les déclarations d'évènements indésirables illustrent également les stratégies choisies par les agents de catégorie A. Nous développerons ce sujet un peu plus tard.

---

[122] La Fonction publique hospitalière définit trois catégories statutaires pour les agents : La catégorie A se compose des agents de niveau Bac+4 minimum. Les cadres de santé, les infirmiers ou les psychologues font partie.

[123] Le *turnover* des jeunes professionnels paramédicaux et psychologues sur l'établissement est important.

[124] Plus l'ancienneté des catégories A est importante sur l'établissement, plus la légitimité est renforcée auprès du collectif. L'effet d'appartenance grandit.

[125] Nous rappelons que cette logique est d'autant plus « légitimée » que les paramédicaux et les psychologues sont évalués par le cadre supérieur de santé annuellement.

Enfin, le système d'alliance décrit précédemment peut toucher également les médecins libéraux qui interviennent sur l'établissement C dans la mesure où ils ont nécessité à gérer leur quotidien grâce au soutien des paramédicaux. Par exemple, les enquêtes annuelles RAMA sous la responsabilité du médecin coordonnateur sont réalisées grâce à une contribution soutenue des infirmières. Les processus de transmissions ou de gestion des ordonnances avec les pharmacies sont également formalisées par les infirmières. Le médecin coordonnateur pourra être sollicité par les infirmières pour faire passer « des messages à la direction » et appuyer certaines demandes.

A ce stade du diagnostic, nous pouvons apprécier toute la difficulté pour comprendre les interactions des acteurs au sein du système d'action concret. Le décodage et la compréhension de ces interactions au sein des différents groupes va favoriser la mise en place d'une stratégie de gestion du changement avec l'adhésion du groupe.

Une démarche de dialogue de gestion associée à un projet managérial plus participatif est une option posée pour déconstruire progressivement les zones d'incertitude[126]. Un état des lieux de cette démarche constitue la dernière étape du diagnostic que nous nous proposons d'exposer à présent.

---

[126] La théorie de l'incertitude a été développée par Michel CROZIER et Erhard FRIEDBERG dans « L'Acteur et le système », Seuil, 1977

III. Diagnostic de la démarche de dialogue de gestion et du projet d'accompagnement personnalisé

A- L'ETAT DES LIEUX DE LA DEMARCHE DE DIALOGUE DE GESTION

Dans la partie I de « Du dialogue de gestion au projet managérial », nous faisions référence à la traçabilité comme « fil rouge » de la démarche de dialogue de gestion : Plus l'existence et la qualité des processus et outils de pilotage est visible, plus le degré de maturité de l'établissement sur ce sujet sera identifiable.

Clairement, l'historique de l'établissement C donne une traçabilité « partiellement institutionalisée » de la démarche de dialogue de gestion. Nous pouvons prendre l'exemple des responsables d'équipes sur les fonctions support[127].

Des actants au service d'une dualité managériale

Tout d'abord, nous pouvons faire les constats suivants en s'appuyant sur la « théorie de l'acteur-réseau »[128]. Les responsables d'équipes (les acteurs) développent une connaissance (et de l'expérience) dans l'exercice de leur mission. Ils produisent - pour la majorité d'entre eux - des moyens (les actants) qui leur permettent d'organiser et d'accumuler cette connaissance tout au long de leur mission. Les actants peuvent être

---

[127] Par fonctions supports, nous faisons référence aux équipes techniques, logistiques, cuisine ou blanchisserie. Ces fonctions sont souvent dites « excentrées » dans les processus de pilotage d'organisations sanitaires et médico-sociales. Elles ne sont pas perçues comme « cœur de métier » pour la plupart des managers de santé.

[128] Le sociologue Michel Callon a appelé cette théorie « une sociologie de la traduction ». Le lecteur pourra se référer aux développements du réseau d'acteurs dans la Partie I « Du dialogue de gestion au projet managérial »

des tableaux de suivis de consommations de matériel ou d'heures, de dépenses ou enfin d'éléments de production[129].

Cette connaissance est source de légitimité auprès de leurs équipes ou de leurs pairs/direction. Elle leur permet donc de produire des constats et des arguments sur des problématiques du quotidien qui peuvent être source d'arbitrage décisionnel. Plus généralement, elle est utilisée par les acteurs comme un moyen leur permettant de réduire « l'incertitude » ou d'argumenter des demandes auprès de la direction.

Ainsi, nous pouvons faire le constat avec François Dupuy que c'est non seulement l'information qui confère à ces acteurs du pouvoir mais également leur accès à cette information[130]. Force est de constater que la connaissance produite et organisée par ces acteurs n'est pas ou peu partagée dans la verticalité ou dans l'horizontalité[131].

Une structure de gouvernance verticalisée et « en étoile » renforce ce comportement dans un contexte de jeux de pouvoir/contre-pouvoir. Ce phénomène est d'autant plus favorisé que le partage d'information n'est précisément pas organisé par l'équipe de direction.

Favoriser un cadre managérial « éco-responsable »[132] impliquerait pour l'équipe de direction l'application des principes d'accessibilité, de transparence, d'exemplarité et d'altérité. François Dupuy parle de « trilogie systémique »[133] basée sur la confiance, le pouvoir et l'éthique. Aussi, pour changer les comportements des acteurs au sein du système d'action concret, il conviendrait de changer le cadre et le projet managérial. Mais, revenons aux comportements des acteurs.

---

[129] Pour les cuisines ou la blanchisserie, le nombre de repas servis ou le nombre de tonnes de linge lavé sont des exemples d'indicateurs.

[130] Le lecteur pourra se référer au cas pratique d'une organisation commerciale au sein d'une banque étudiée par François Dupuy dans son ouvrage « La faillite de la pensée managériale - *Lost in management* 2 »

[131] Les principes de verticalité et d'horizontalité sont développés par l'auteur dans la Partie I de « Du dialogue de gestion au projet managérial ».

[132] Le lecteur pourra trouver plus de développement dans la Partie I de « Du dialogue de gestion au projet managérial ».

[133] Ibid.

Pour les acteurs, le cadre managérial influe sur la démarche de dialogue de gestion qui se fonde sur la notion de partage et de dialogue[134]. Si ce cadre est « vertical », il est également dualiste. Donc, partager ces informations en verticalité, c'est « choisir son camp et avec qui l'on est ». Autrement dit, pour la majorité des agents, c'est « se ranger du côté de la direction ». Dans certaines situations, cela peut vouloir signifier faire front contre le groupe. C'est pour cette raison que certains incidents ne sont pas connus immédiatement de l'équipe de direction.

Si l'intention et le cadre managérial sont différents d'une logique dualiste, alors il y a peut-être ouverture pour un processus d'alliance entre les parties prenantes...

Ainsi, au sein de l'établissement C, l'appropriation par les acteurs de l'information reste donc un enjeu de taille pour développer une démarche de dialogue de gestion.

Nous rappelons qu'après la fusion, le cloisonnement entre les secteurs est devenu un enjeu pour les représentants du personnel qui étaient opposés à cette décision politique.

Le pacte social avec les représentants du personnel et le « maintien de l'identité de chaque site » ont posé les bases pour freiner une démarche intégrative propre à une fusion. Les contacts entre les agents des différents établissements sont restés limités. Il en est de même de la mobilité des professionnels entre les secteurs. Toute démarche entreprise par la direction pour changer les pratiques professionnelles sur l'ensemble de l'établissement C était vouée à l'échec[135]. Ce cloisonnement des organisations a entretenu les zones d'incertitude et a justifié *de facto* le cadre managérial vertical posé par la direction. Il a

---

[134] Le mot « dialogue » du préfixe « dia - au travers, par, entre » et du nominal « « parole, raison, verbe ». La définition du Larousse est : « Discussion entre personnes, entre partenaires ou adversaires politiques, idéologiques, sociaux, économiques, en vue d'aboutir à un accord ».

[135] Cet état de la situation est bien compris par la direction qui essaie dans l'année de la fusion de lancer un plan de formation pluriannuel commun à l'ensemble de l'établissement C. Cette approche a pu réussir auprès des représentants du personnel dans la mesure où le secteur handicap avait accumulé un retard sur ce domaine par rapport au secteur personnes âgées dépendantes.

également légitimisé la représentation du personnel en tant que contre-pouvoir à la direction[136].

Les informations descendent auprès des agents que si elles viennent ou sont autorisées par la direction ou le cadre supérieur de santé. Les cadres de proximité ne prennent que peu d'initiatives sur la diffusion d'informations acquises lors des réunions hebdomadaires d'encadrement (« ils sont entre le marteau et l'enclume »). Leur capacité d'actions en est réduite d'autant et renforce la logique de cloisonnement. Le cadre managérial posé entretient les zones d'incertitudes posées dans le contexte de la fusion. Causes et conséquences de cette situation s'auto-entretiennent finalement.

A présent, nous pouvons développer certains de ces constats à partir de « matériaux du concret ».

L'exemple des fiches d'évènements indésirables

Bien conscient des difficultés à être informé immédiatement par les agents, l'équipe de direction et d'encadrement a décidé de mettre en avant la « sécurité » et la « qualité des soins » pour argumenter de l'intérêt du déploiement d'un outil de *reporting* des évènements indésirables (FEI)[137].

Accessible par tous les agents à travers l'intranet, ce système a été déployé quelques mois après la fusion. Il s'inscrit dans une démarche de protocolisation transversale à l'établissement C. Les agents peuvent ainsi transmettre directement une Feuille d'évènement indésirable (FEI) pour reporter un dysfonctionnement majeur dans la prise en charge des résidents. Cette information est immédiatement connue par l'équipe d'encadrement et de direction. L'animatrice de la qualité est en charge

---

[136] En accédant aux informations concernant l'ensemble des sites de l'établissement C, le positionnement et le (contre) pouvoir des représentants du personnel en étaient d'autant plus confortés.

[137] Selon la définition de la Haute autorité de santé (HAS), un événement indésirable associé aux soins est un évènement inattendu qui perturbe ou retarde le processus de soin, ou impacte directement le patient dans sa santé. Cet évènement est consécutif aux actes de prévention, de diagnostic ou de traitement. Il s'écarte des résultats escomptés ou des attentes du soin et n'est pas lié à l'évolution naturelle de la maladie.

de consolider ces informations et de préparer les rapports d'analyse annuellement.

Dès la fusion, le projet a soulevé des questions sur l'intention de la direction. Le déploiement d'outils de pilotage a été vu comme un moyen de contrôler et potentiellement d'exercer une sanction pour les agents qui auraient été à l'origine du dysfonctionnement. Malgré la contestation, le système a été finalement déployé sur tous les secteurs.

Il est intéressant d'étudier le comportement des agents par rapport à cet « actant » [138] au sein du système d'action concret.

Tout d'abord, certains agents ont compris que ce système d'information pouvait être une opportunité dans leur stratégie au sein du groupe.

De manière générale, pour un agent, ses compétences en bureautique peuvent lui permettre de se révéler être un acteur à « pouvoir faire au nom de ». Déclarer des dysfonctionnements, c'est aussi se mettre en situation de « référent » vis-à-vis du groupe et de l'encadrant. La stratégie d'affirmation de pouvoir et de représentation d'un agent par rapport au groupe a pu s'affirmer ainsi au travers de ce processus. Elle peut avoir un enjeu différencié selon le statut des agents.

Pour les agents de catégorie A, l'opportunité peut se matérialiser au regard de leur positionnement vis-à-vis du collectif. Par exemple, sur le secteur personnes âgées, les paramédicaux ont pris le contrôle des FEI. C'est l'opportunité de pouvoir contrôler l'information et la négocier avec le « collectif » dans le cadre d'un pacte informel[139] au sein du système d'action concret : « tout va bien, je vous couvre vis-à-vis de la direction »[140]. Il est intéressant de noter que le nombre de FEI relatif aux soins sur le secteur personnes âgées est extrêmement faible et que ce sujet n'ait jamais inquiété l'équipe d'encadrement et de direction. Comme le précise François Dupuy, « il y a donc entre ces acteurs qui

---

[138] Le lecteur pourra se référer à la partie I du « Du dialogue de gestion au projet managérial » pour plus de développements sur la notion « d'actant ».

[139] Il n'est pas connu de pacte formel où les agents aient pu « affirmer » une intention partagée de s'investir dans un processus comportemental de ce type. Il n'est pas exclu qu'il puisse exister.

[140] Les agents de catégorie A recherchent à poser un cadre d'exercice pour le jeu de pouvoir/contre-pouvoir comme nous vous l'avons décrit précédemment vis-à-vis du collectif. Mais il peut également se lire comme une maîtrise de l'information vis-à-vis de l'encadrement et de la direction. Ce comportement ferait de ce fait écho à celui des responsables des fonctions supports.

sont aux extrémités de l'organisation une « alliance implicite » que chacun d'entre eux semble avoir comprise »[141].

Pour les agents de catégories B et C, le système peut être ressenti comme un nouveau panoptique[142] tel que Michel Foucault l'a décrit[143]. Il s'agit d'asseoir un mode d'auto-contrôle entre les agents et donc de mettre en difficulté l'appartenance au groupe et la communauté d'entre-aide. Aussi, ces agents s'opposeront au processus de déclarations des FEI.

Il est intéressant de constater que, sur le secteur handicap, de nombreux agents ont encore vu, plus de 5 ans après la fusion, les déclarations FEI comme un moyen de sanctionner les agents dont les pratiques professionnelles seraient défaillantes. Les altercations entre les infirmières et les agents sur une distribution manquée ou erronée de médicaments peuvent être fréquentes sur ces secteurs. Elles sont d'autant plus conflictuelles qu'elles sont déclarées par FEI par les infirmières et donc visibles de la direction[144].

Enfin, pour les agents de catégories B et C, la déclaration des FEI peut être aussi le moyen de montrer que « les protocoles ne fonctionnent pas » et donc que l'équipe de direction est en défaut car les protocoles « viennent d'en haut ».

Comme le fait remarquer François Dupuy, « ce faisant, ces *managers* perdent le contrôle qu'ils espéraient au contraire avoir renforcé et s'engagent dans un cercle vicieux redoutable : production de la norme/jeu avec cette norme/renforcement de la norme/distance croissante entre la norme et la réalité »[145].

Ce risque sera bien apprécié par l'équipe de direction par intérim qui ne déploiera pas d'outils transversaux sur l'établissement C jusqu'à l'arrivée du nouveau directeur. En effet, le nombre de déclarations annuelles a progressivement augmenté jusqu'à atteindre un « plateau ».

---

[141] Ibid.

[142] BENTHAM J., « Le panoptique », 1791

[143] FOUCAULT M., « Surveiller et punir », Gallimard, 1975

[144] Pour certaines années, les FEI relatives à la distribution médicamenteuse représentaient plus des 2/3 du nombre total des déclarations.

[145] Ibid.

La progression d'année en année de ces déclarations pourrait indiquer finalement une adhésion des agents à la démarche.

Cependant, le processus de déclaration n'a pas été suffisamment producteur de « sens à l'action » pour les agents. Peu d'actions concrètes ont pu voir le jour sur le terrain. Le système d'information FEI est resté de ce point de vue un « actant ». Il n'a malheureusement pas atteint le rôle d'objet-frontière tel que défini par le sociologue Mathieu Detchessahard[146].

En effet, pour transformer l'actant en objet-frontière, le cadre managérial aurait dû être modifié. Ainsi, les comportements n'ont pas été changés malgré quelques initiatives lancées sur le terrain impulsées par la direction et l'encadrement. Comme le rappelle François Dupuy, « changer une organisation, c'est mettre les acteurs dans un contexte dans lequel ils trouveront des solutions différentes de celles qu'ils ont adoptées dans le contexte présent »[147].

L'analyse du système d'action concret et la théorie de l'acteur-réseau auraient pu permettre à l'équipe de direction d'élargir le cadre de réflexion sur le sujet des FEI. Cependant, le cadre managérial posé ne favorise pas l'engagement des acteurs. L'horizon court terme dans lequel l'organisation a été positionnée n'a pas favorisé ce travail managérial.

L'autre exemple : les groupes ressources

Pourtant, les éléments d'information produits par les acteurs sont présents au sein de l'établissement C. La production de données quotidiennes par les fonctions support ou les équipes de soins lors des transmissions sont des outils de travail sur lesquels les professionnels

---

[146] Le lecteur pourra se référer à la partie I de « Du dialogue de gestion au projet managérial » concernant le rôle des objets-frontières dans le cadre d'une démarche de dialogue de gestion.

[147] Ibid.

s'appuient pour faire leur travail avec professionnalisme et engagement[148].

Les enquêtes de satisfaction, les évaluations internes ou externes, les inspections ou le *reporting* des FEI sont autant d'éléments d'appui pour engager une démarche de dialogue de gestion transversale. Les sujets sont bien identifiables et nombreux. La tentation serait pourtant forte pour l'établissement de se lancer sur tous les sujets avec un épuisement « programmé » des équipes.

Le choix de l'équipe d'encadrement et de direction par intérim va se porter finalement sur des problématiques de terrain et sur l'EHPAD[149]. « Agir dans le concret » est l'objectif de l'encadrement qui y voit une garantie dans le succès de la démarche.

La mise en œuvre de « groupes ressources »[150] a été décidée par le cadre supérieur de santé après le constat réalisé pour les enquêtes annuelles institutionnelles[151]. Les situations de résidents développant des escarres étaient en augmentation sur l'EHPAD. Cette décision de constituer des groupes de travail sur la thématique « escarres » a été élargie assez rapidement à d'autres thématiques comme la douleur ou la fin de vie, par exemple. Le choix des professionnels a été fait en fonction des compétences et des appétences exprimées lors d'entretiens individuels, par exemple. Les groupes ressources « escarres » et « douleur » ont été constitués rapidement et annoncés comme un projet institutionnel porté par la direction.

Si le groupe « escarres » a permis une appropriation et un changement comportemental réel dans les équipes durant sa mise en œuvre, le groupe « douleur » a été en revanche un échec. Les changements de pratiques professionnelles n'ont pas « prise » sur le secteur personnes âgées. Les

---

[148] Le niveau de satisfaction des familles et des usagers est supérieur à 90% sur les enquêtes réalisées en 2018.

[149] Le choix de l'objectif et du secteur n'est pas indifférent au cadre managérial et à l'histoire de l'équipe de direction et d'encadrement.

[150] Les « groupes ressources » sont des groupes de travail avec des thématiques soignantes (douleur, hygiène, escarres, fin de vie...) qui permettent pendant 18 mois à 4-5 professionnels de se rencontrer tous les trimestres dans un « forum » animé par les infirmières.

[151] A titre d'exemples, nous pouvons citer les enquêtes ANAP, Flash-EHPAD

autres groupes ressources n'ont jamais réellement produit leurs effets, certains ayant été arrêtés rapidement.

Le diagnostic de ce « demi-succès/demi-échec » permet de mettre en lumière la question de la capacité d'action et du sens donné à une démarche de ce type.

Parmi de multiples raisons, la principale cause de succès du groupe « escarres » est également la principale cause d'échec du groupe « douleur » [152]. C'est précisément l'accessibilité à une information objective par les acteurs. Sur le diagnostic « escarres », l'état des lieux était factuel et chiffré puisqu'il avait été réalisé pour une enquête institutionnelle. De plus, le pilotage du groupe ressource directement sous l'autorité du cadre supérieur de santé a favorisé une mise en œuvre dont les résultats ont pu être mesurés relativement rapidement.

Sur la thématique « douleur », le diagnostic était à construire à partir d'une démarche à définir et mettre en œuvre par le groupe lui-même avec le soutien des agents. Si la méthodologie de la démarche a été posée en termes de protocoles, son application n'a jamais été mise en œuvre par les agents du groupe sur le secteur pour diverses raisons [153]. Le diagnostic n'a donc pu être posé au travers d'éléments objectifs accessibles par tous.

L'échec de la démarche sur les groupes ressources va signer l'arrêt d'une démarche plus globale de dialogue de gestion même si de nombreuses raisons sont invoquées pour expliquer la décision [154].

Comme le rappelle François Dupuy, l'organisation a eu raison de la structure. Ce n'est pas parce que la direction met en place une structure (« le groupe ressources ») que l'organisation s'en empare. Car, comme le sociologue le souligne « une organisation, c'est un ensemble de

---

[152] Le manque de dynamisme et de motivation de l'animateur est invoqué par l'encadrement. Comme le précise François Dupuy, nous pouvons aussi voir que « l'erreur se répète dans la mise en œuvre des décisions : l'absence de prise en compte de la complexité dans laquelle les décisions doivent être mises en œuvre fait que l'on attend des individus qu'ils compensent ce déficit par leurs qualités personnelles ».

[153] Un diagnostic spécifique sur ce sujet viserait à approfondir les raisons de cet échec qui ne peut s'expliquer par les qualités de l'agent responsable du pilotage. La piste du (dés)-intéressement des acteurs (les agents) est fortement probable mais les causes restent inconnues. En effet, aucune analyse de cause racine (dont les principes seront développées plus tard) n'a été menée pour éclairer les raisons de l'échec et éviter qu'il ne se reproduise.

[154] Sont cités, par exemple, l'environnement, le temps ou l'appétence de l'équipe de direction et d'encadrement

stratégies rationnelles d'acteurs ou, pour faire encore plus simple, c'est l'ensemble des solutions acceptables trouvées par les différents acteurs dans le contexte qui est le leur »[155].

---

[155] Ibid.

B- L'ETAT DES LIEUX DU PROJET D'ACCOMPAGNEMENT PERSONNALISE

Après avoir mené le diagnostic sur la démarche de dialogue de gestion au sein de l'établissement C, il convient à présent de réaliser l'état des lieux sur le projet d'accompagnement personnalisé.

Comme nous l'avons précédemment souligné, il convient de bien distinguer la démarche de projet d'accompagnement personnalisé du projet d'accompagnement personnalisé. Ce dernier est le document de synthèse élaboré par les équipes pluridisciplinaires à l'issue de la démarche.

Cette distinction est importante puisqu'elle fait écho à l'analyse que nous avons menée dans les premières pages de cet ouvrage sur la genèse et l'évolution du projet d'accompagnement personnalisé sur le secteur médico-social.

Le constat sur le projet d'accompagnement personnalisé au sein de l'établissement C fait écho ainsi à ces éléments que nous avions analysés précédemment sur le secteur.

Tout d'abord, le niveau d'appropriation de la démarche de projet d'accompagnement personnalisé est élevé sur l'établissement C puisqu'il atteint les 100%.

Quel que soit son secteur, chaque résident dispose d'un projet d'accompagnement personnalisé et se voit nommer un référent-résident[156]. Ce constat se rapproche des conclusions de l'ANESM[157] établies en 2008 et de la bonne adhésion des professionnels à la démarche.

Deuxième constat, le projet d'accompagnement personnalisé fait l'objet d'une mise à jour annuelle pour l'ensemble des résidents. Cependant, comme nous l'avons constaté dans le diagnostic sur la situation historique et conjoncturelle de l'établissement C, la démarche de projet d'accompagnement n'est pas liée à une gestion des parcours des

---

[156] Nous rappelons que le référent-résident est le coordonnateur de l'équipe pluridisciplinaire qui travaille sur le projet d'accompagnement personnalisé.

[157] Enquête nationale 2008 auprès des établissements et services sociaux et médico-sociaux - Mise en œuvre de l'évaluation interne dans les ESSMS, mars 2009

résidents. Pour les agents, elle n'y trouve pas toujours un sens. C'était le constat posé par l'équipe de direction sur le « manque de flux » sur le secteur handicap.

Plus généralement, la démarche de projet d'accompagnement reste pour les professionnels une « entreprise » règlementaire ou plutôt administrative. Ils y voient plus un exercice de « validation » que de « questionnement »[158].

La révision du projet d'accompagnement personnalisé est l'opportunité pour les agents de faire « un point » sur le résident. Cependant, elle n'a pas l'objectif de poser des questions en tant que telles et de créer une dynamique d'accompagnement tout au long de l'année.

Pour schématiser, les objectifs sont posés à 12 mois et revus dans 12 mois. Ces objectifs sont génériques et ne portent en aucun cas sur des actions précises qui sont soumises à une quelconque évaluation durant la période entre deux révisions.

Troisième constat, la démarche de projet d'accompagnement personnalisé s'est appauvrie de par son contenu. Ceci est en lien étroit avec le précédent constat. En réduisant le sens et la finalité de conduire cette démarche, l'engagement des équipes en a été réduit d'autant. Le projet d'accompagnement personnalisé est perçu par les professionnels comme un « objet institutionnel ». La démarche ne se limite plus qu'à une réunion annuelle où le document est actualisé.

Le travail en équipe pluridisciplinaire s'appauvrit d'autant que les professionnels concernés sont absents. Les raisons exprimées, par exemple, par les référents-résidents ou les infirmières sont multiples mais somme toute classiques pour un EHPAD : manque de temps pour préparer le projet par le référent-résident, planning contraignant l'annulation de la réunion ou de la participation de professionnel, etc.

Quatrième constat, le projet et la démarche d'accompagnement personnalisé sont vus comme des « éléments à part » pour les équipes soignantes. En perdant le « sens » de la démarche, les professionnels n'investissent plus ce champ de « connaissance ordinaire et partagée ».

Le projet et la démarche ne sont plus liés au plan de soins, aux bilans ou aux plans d'aide produits par les équipes au quotidien. C'est un objet indépendant qui est actualisé dans une approche « administrative » et

---

[158] Le manque de retour sur les enquêtes institutionnelles annuellement renseignées par les équipes renforce ce ressenti.

qui n'est pas intégré dans un processus de décision pour les équipes. Un bilan psychologue ou gériatrique ne trouve plus sa raison d'être dans la démarche et encore moins dans le projet d'accompagnement personnalisé à proprement parler puisque ce dernier est finalement peu consulté par les équipes.

En cela, le constat réalisé sur l'établissement C rejoint les conclusions de l'enquête de 2015 réalisée par l'ANESM : Les projets d'accompagnement personnalisé sont bien formalisés à l'entrée du résident mais ne sont plus mis à jour ou questionnés par la suite par les équipes lorsque des changements d'état de santé, de potentialité ou de comportement surviennent chez le résident.

L'état des lieux réalisé montre que l'établissement C s'inscrit finalement dans les difficultés qui ont été présentées dans le cadre de l'analyse sur la genèse et l'évolution de cet outil règlementaire du *New public management*.

L'ANESM résume bien l'enjeu de la démarche rénovée de projet d'accompagnement personnalisé sur l'établissement C : « le dialogue autour du projet personnalisé est crucial lors de parcours de longue durée dans une même structure. C'est ce dialogue qui permet aux professionnels de respecter les souhaits des personnes et de leurs proches, d'être au plus près des évolutions des situations et de construire les ajustements propres à relancer une dynamique susceptible de s'enliser dans la routine de la vie quotidienne »[159].

C'est bien dans une logique dynamique et non statique, pluridisciplinaire et non monoculaire que la démarche rénovée de projet d'accompagnement personnalisé doit s'inscrire. Elle ne peut se décréter par la direction, elle doit être comprise et avoir du sens pour les professionnels puisqu'elle est une démarche collaborative du quotidien au service de l'accompagnement du résident et de la stratégie de l'établissement.

---

[159] Ibid.

IV. Synthèse du diagnostic de la démarche de dialogue de gestion

A- UN ETAT DES LIEUX ET APRES ?

L'analyse par le système d'action concret permet donc d'évaluer l'environnement dans lequel va être posée la démarche de dialogue de gestion. L'état des lieux de la démarche de dialogue de gestion permet de donner des pistes de réflexion sur le chemin à prendre et les embûches à éviter.

Car, le risque dans la démarche est de rester sur le niveau du concept, voire du prototype et de ne jamais passer dans le concret. Le sentiment d'avoir « avancé », « positionné quelque chose » mais « de ne pas être allé au bout des choses » peut menacer la démarche dans son ensemble et la crédibilité du porteur du projet, à savoir la direction.

Pour François Dupuy, il convient de bien garder à l'esprit deux éléments dans la phase de diagnostic.

Le premier élément concerne l'interprétation des données qui sont « toujours présentées par ceux qui les portent comme des problèmes, alors qu'en réalité, elles ne sont que des symptômes »[160]. Au fameux « il n'y a pas de problème, il n'y a que des solutions », il convient d'abord de répondre « quels sont les symptômes et quels sont les problèmes ? ». Ainsi, le sociologue rappelle bien que le symptôme n'est qu'une « information incomprise » qui est générée par un ensemble d'interrelations et de stratégies qu'il est nécessaire de comprendre pour réaliser une bonne appréhension systémique.

Nous avons vu dans les exemples du diagnostic réalisé sur l'établissement C, certains éléments symptomatiques peuvent être déroutant si la prise de distance n'est pas développée en première approche. L'analyse systématique doit suivre. Le directeur doit toujours rester dans une investigation de la cause.

---

[160] Dans l'exemple des déclarations des FEI, le symptôme serait l'attitude de retrait des agents face à la déclaration des FEI. Cette dernière est interprétée par l'équipe de direction comme une réaction contre un contrôle et une surveillance de la direction.

Le deuxième élément porte sur la différence entre anecdotes et faits. L'horizon court terme de l'équipe d'encadrement et de la direction par intérim a rendu plus compliqué les prises de distance par rapport aux évènements. La production d'anecdotes (qui, par ailleurs, peuvent inonder les réunions d'encadrement) occulte les faits et la réalité des problèmes dont le diagnostic doit se nourrir.

Comme le rappelle François Dupuy, « établir des faits et comprendre des problèmes relèvent de la même exigence intellectuelle et de la même nécessité morale de ne pas se contenter de l'apparence »[161].

Développer la synthèse du diagnostic posé est nécessaire afin de pouvoir favoriser la communication auprès des acteurs et partager les constats. L'exemple de la matrice Forces/Faiblesses/Opportunités/Menaces (FFOM) peut être une réponse à cette démarche.

Son cadre de lecture a déjà été utilisé pour le diagnostic des établissements A et B dans la partie I de « Du dialogue de gestion au projet managérial ». Nous nous proposons de l'appliquer à présent au diagnostic de l'établissement C.

---

[161] Ibid.

B- ENJEUX ET MATRICE FFOM

Présenter les éléments issus du diagnostic sous la forme d'une matrice Forces/Faiblesses/Opportunités/Menaces (FFOM) permet de communiquer aux acteurs qui seraient les porteurs mais aussi les « traducteurs »[162] de la démarche de dialogue de gestion.

Comme nous le rappelions dans la Partie I, « Les jeux de pouvoir au sein de l'institution seront fréquents et certains acteurs, même convaincus de la démarche, pourront commencer à développer des stratégies de « sabotage ». Ainsi, en exploitant les zones d'incertitude et en investissant le système d'action concret, les acteurs pourront avoir la latitude de rejeter les outils, les détourner ou subvertir leurs usages en vue de préserver leurs marges de manœuvre. Le directeur devra rester très attentif sur l'état de la situation et prendre régulièrement la « température » auprès de ses « traducteurs » ».

La grille de lecture développée pour accompagner le diagnostic n'a pas vocation à répondre à toutes les questions mais à poser un cadre de réflexion et de partage entre les membres de l'équipe de direction et d'encadrement.

Car, cette phase de questionnement doit être anticipée. Pour la neutraliser, la « théorie des petits pas » pourra être une réponse à mettre en œuvre. En effet, pour rendre la démarche transparente, il faut la rendre concrète pour les équipes et les impliquer aussi tôt que possible.

Dans sa réflexion sur la pensée managériale, François Dupuy prend l'exemple du fonctionnement des équipes des instituts médico-éducatifs (IME). L'exemple de l'élaboration de projets d'établissement dans ces établissements, illustre selon lui une approche du « chacun pour soi » au service de l'usager : « Le « chacun pour soi » n'implique en rien un désintérêt du reste des autres et de la mission de l'institution. Chacun cherche à maximiser sa position, donc son pouvoir, mais en considérant qu'ainsi l'intérêt collectif n'en sera que mieux défendu »[163].

---

[162] Le lecteur pourra se référer à la notion de « traducteurs » dans la partie I de « Du dialogue de gestion au projet managérial ». Elle appelle une des missions managériales de l'encadrement « qui décode les éléments de langage managériaux de la direction pour les retranscrire auprès des agents ».

[163] Ibid.

L'objectif de la démarche de dialogue de gestion est bien de pouvoir réguler les intérêts divergents des acteurs afin de pouvoir les confondre dans une stratégie d'intéressement. La question pour le dirigeant de l'établissement C se pose en terme « d'équilibre ». Comme le précise François Dupuy, « il changera ainsi « l'équation des chacun pour soi », cherchera à obtenir celle qui lui semble convenir, sans s'attarder sur l'idée abstraite de l'existence, par nature, d'un but commun qui unirait tous les membres d'une collectivité »[164].

Ainsi, comme nous l'avons souligné dans la Partie I, « la démarche de dialogue de gestion et le projet managérial développés au sein de l'établissement apparaissent comme les « deux faces d'une même pièce de monnaie. La première ne peut être initiée sans l'existence de la seconde et la seconde ne peut se développer au sein de l'établissement sans la présence de la première ».

La démarche de dialogue de gestion va prendre naissance dans un réseau d'acteurs complexe en s'appuyant sur des actants. La première « pierre » de cet édifice sera la matrice FFOM.

Le succès de cette démarche ne pourra être appréciée que par l'action efficace du dirigeant qui nécessite du temps et de l'énergie, deux denrées rares comme nous l'avons souligné dans le diagnostic.

Finalement, François Dupuy résume parfaitement les pièges pour le dirigeant insuffisamment préparé et les conséquences sur ses actions managériales :« l'absence d'une culture privilégiant la reconnaissance effective et pas seulement verbale de la complexité, le manque d'outils permettant la compréhension et la maîtrise au moins partielle de cette complexité, mais aussi la très faible sensibilité à ces disciplines[165] axées sur un raisonnement qui n'est pas binaire et simplificateur, tout cela conduit à privilégier une seule rationalité qui doit s'imposer à tous »[166].

---

[164] Ibid.

[165] Les sciences sociales (NDLA).

[166] Ibid.

FORCES

1- Communauté d'entre-aide et « sens collectif » des agents
2- Valeurs d'Humanitude et d'engagement au service des usagers
3- Culture du travail et intra-entreprenariat
4- Volonté de pérenniser l'activité de l'établissement C sur le territoire

FAIBLESSES

1- Projet d'établissement et une fusion peu compris par les agents
2- Culture managériale verticale avec un schéma de management en « étoile » ne favorisant pas l'intelligence collective
3- Résistances « invisibles » et des barrières liées à la culture médico-sociale, à l'histoire et/ou l'empreinte territoriale de l'établissement
4- Ouverture sur le territoire limité ne favorisant pas les partenariats et le sens donné à la mission de service public de l'établissement
5- Ressources financières contraintes

OPPORTUNITES

1- Volonté de s'adapter aux besoins des usagers du territoire
2- Rendez-vous institutionnels importants (CPOM, évaluations, projet d'établissement,...)
3- Projet architectural
4- Reconnaissance du management de proximité et des « catégories A » dans une démarche participative (équipe de coordination de site)
5- Culture du pilotage d'équipes avec des éléments objectifs et chiffrés

MENACES

1- Intention managériale peu lisible durant la période d'intérim
2- Démarche de dialogue de gestion insuffisamment favorisé par le cadre managérial
3- Pression de l'appartenance au groupe et freins au changement
4- Attachement à la culture des établissements avant la fusion
5- Déficit de tableaux de bord et de pilotage par l'équipe de Direction

Du projet managérial à la démarche rénovée de projet d'accompagnement personnalisé

I. Projet managérial et théorie de l'acteur-réseau

A- PROJET MANAGERIAL : POSER LES INTENTIONS ET LE CADRE

Dans la partie I de « Du dialogue de gestion au projet managérial », nous indiquions que les intentions du dirigeant doivent être présentées au travers d'un processus d'information des agents qui doit être continu.

La transformation de la culture managériale qui est en place au sein de l'établissement fait partie du « temps long » : « Elle ne pourra donc être associée avec une recherche à court terme d'une quelconque performance organisationnelle »[167].

Le diagnostic posé sur l'établissement nous a indiqué que plusieurs facteurs conjoncturels ne permettaient pas de réunir les conditions optimales pour poser cette temporalité. Aussi, cet « arrêt sur images » va devoir être initialisé par le directeur dans le cadre de sa prise de fonction[168].

S'inscrire dans le « temps long » est une condition préalable pour le directeur de l'établissement dans le choix de sa posture. Avant de mettre en œuvre une quelconque action (comme la prise d'information dans le cadre du diagnostic), le choix de la « posture » sera un préalable. Elle conditionne la perception des acteurs autour de lui et participe de la création d'un cadre managérial « éco-responsable ».

La confiance est un enjeu par trop sous-estimée dans les organisations constate François Dupuy. Pourtant, elle puise son essence dans les racines même de l'histoire de notre pays comme l'a montré Alain

---

[167] Ibid.

[168] La période de prise de fonction est sujette à beaucoup de spéculations de la part des salariés. Elle produit de l'incertitude, elle-même génératrice de stress. Dans le cas de l'établissement C, elle est d'autant plus importante que le directeur n'est pas un « homme du territoire ».

Pierrefitte[169]. Cette relation aux « élites » est également un marqueur de l'histoire et de la culture du territoire qui imprègne l'établissement C.

Développer un cadre managérial éco-responsable fondé sur la confiance constitue donc un enjeu (un défi ?) que le directeur va devoir appréhender. Pour Charles Feltman[170], les quatre piliers de la confiance sont la sincérité, la fiabilité, la compétence et le souci des autres. François Dupuy y ajoute la prédictibilité…

Comme nous l'avions développé dans la Partie I de notre réflexion, l'approche au quotidien pour le directeur et son équipe de direction se traduit sur les principes d'accessibilité, d'exemplarité, de transparence et d'altérité. Ces marqueurs du quotidien s'inscrivent dans le concret et par des prises de décision ou des attitudes de tous les instants.

Le directeur et son équipe sont observés et leurs « faits et gestes » sont enregistrés dans les moindres détails par les salariés[171]. Pour éviter d'en « perdre la tête »[172], la seule solution envisageable dans le « temps long » est l'exercice d'une éthique et philosophie de management qui reposent sur des valeurs personnelles. Cet exercice n'est jamais acquis et à tout instant remis en question. Il se travaille tous les jours dans l'instantanéité de l'exercice professionnel et dans un environnement où les « irritants » sont très fréquents.

L'intention et le cadre managérial doivent donc se poser « sans se poser » pour le directeur. Ils ne peuvent pas se décréter. Annoncer l'intention et le cadre managérial comme une décision qui s'impose à tous serait prendre le risque d'être en contradiction avec l'essence même de la démarche. Ce serait faire fi des conclusions du diagnostic et des stratégies développées par les individus dans le cadre managérial actuel.

---

[169] PEYREFITTE A., « La Société de confiance : Essai sur les origines et la nature du développement », Odile Jacob, 1995

[170] FELTMAN C., « The Thin Book of Trust ; an Essential primer for building Trust at Work », The Book Publishing, 2008

[171] Dans l'établissement C, les relations groupales favorisent fortement la transmission d'informations sur le territoire. Ce « décloisonnement » est propice à la diffusion de perceptions ou ressentis lors de rencontres ou d'échanges formels/informels entre les agents et les membres de la direction. Elles peuvent déclencher des rumeurs au sein de l'établissement mais également sur le territoire.

[172] Les risques psychosociaux sont un risque majeur pour les encadrants et les dirigeants d'établissements sanitaires et médico-sociaux.

Or, comme le souligne François Dupuy, la notion de capacité d'action « fait très directement référence au *pouvoir* qui est nécessaire pour infléchir les comportements, les réorienter, voire en éradiquer certains »[173].

L'exercice au quotidien

La « théorie des petits pas » permet de résoudre cette difficulté. C'est bien par l'exemplarité au quotidien que l'intention et le cadre managérial vont se poser « sans se poser » pour les agents. Ils se déclineront dans la verticalité et l'horizontalité pour l'organisation comme nous l'avons étudié dans la Partie I de « Du dialogue de gestion au projet managérial ».

Les multiples situations du quotidien seront autant de « terrains d'action » où pourra s'exprimer la posture managériale reposant sur les piliers de Charles Feltman. Nous pouvons nous arrêter sur certains exemples.

Les revues d'absentéisme, les résolutions de conflits d'équipe, les procédures disciplinaires sont autant de situations du concret où une approche décisionnelle « objective et factuelle » doit se construire sur les regards croisés des acteurs [174] (principes d'accessibilité et de transparence). Les différents points de vue exprimés par les acteurs sont les moyens d'une confrontation des « vérités de chacun » (principe d'altérité). C'est de cette confrontation que naît une « vérité plurielle » qui doit être source d'une autre façon de penser pour l'ensemble des acteurs. Reconnaître la complexité de chaque situation permet aux acteurs de penser l'Autre également en tant qu'entité actrice du changement. C'est montrer également à l'ensemble des acteurs le « cap » du projet managérial (principe d'exemplarité).

C'est reconnaître tout simplement les valeurs du secteur médico-social qui convergent avec les piliers de Charles Feltman. La culture de l'établissement C n'y déroge pas puisque le diagnostic réalisé a mis en valeur le principe de « communauté d'entre-aide » entre les professionnels et avec les résidents.

---

[173] Ibid.

[174] Agents, cadres, représentants du personnel ou usagers.

Favoriser un « environnement managérial éco-responsable » valorisant la confiance ne signifie pas croire dans une organisation où « on se dit tout ». Pour François Dupuy, le juste milieu est une donnée tout à fait acceptable et acceptée par le réseau d'acteurs dans un système d'action concret. Ainsi, les règles du jeu n'ont ni besoin d'être édictées dans un cadre imposé ni laissées à un monde sans foi ni loi.

Selon François Dupuy, « le comportement éthique consisterait à dire, sinon que l'on ne sait pas, ou à dire quand c'est le cas que l'on ne peut pas répondre car tous les salariés savent qu'il y a des choses que l'on ne peut pas dire. Mais s'ils ont conscience que la règle implicite de la transparence du possible est respectée, alors eux-mêmes respecteront et feront confiance à celui qui l'applique ». Car, « personne ne conteste que les dirigeants doivent fixer un cadre » ajoute le sociologue des entreprises.

L'autorégulation des acteurs se forme dans un cadre collectif que tous les agents connaissent. Elle prime sur des comportements « déviants » qui seraient sujets à des sanctions décidées par les acteurs eux-mêmes[175].

Les espaces de discussion théorisés par Mathieu Detchessahard [176] contribue de cette logique. Le lecteur pourra se référer aux propositions sur ce sujet que nous avons développées dans la Partie I de « Du dialogue de gestion au projet managérial ».

Pour le directeur, l'enjeu sera donc de s'inscrire dans un cadre managérial où la déhiérarchisation [177] et l'auto-régulation vont être promues. Dans la continuité des propositions de « management concertatif » développées par Michel Hervé[178], François Dupuy propose que « la « boite noire » entre le cadre et les résultats obtenus peut être laissée à l'initiative des acteurs » [179]. L'exemple des espaces de discussion est caractéristique de cette approche dans laquelle « l'objectif n'est pas d'échanger pour le seul bénéfice de libérer la parole des agents.

---

[175] Le diagnostic de l'établissement C sur le volet « sens collectif » confirme cette analyse.

[176] DETCHESSAHARD M., « Quand discuter, c'est produire... Pour une théorie de l'espace de discussion en situation de gestion », Revue française de gestion, 2001

[177] Le lecteur pourra se référer à la Partie I de « Du dialogue de gestion au projet managérial » pour plus de détails sur le principe de « déhiérarchisation ».

[178] HERVE M. « Pour une révolution de la confiance - Réformer l'école, refonder l'entreprise, transformer la société », Dunod, 2020

[179] Ibid.

Porter des sujets (souvent difficiles) à l'attention de la direction doit être une garantie pour les acteurs que les échanges soient porteurs de décisions et d'actions »[180]. Les réunions d'équipe autour du projet d'accompagnement personnalisé relèvent de cette logique et seront abordées un peu plus tard.

Ainsi, selon François Dupuy, les organisations auraient « tout à y gagner » en développant la confiance et la simplicité. La construction de règles du jeu par les acteurs permettra de réduire les zones d'incertitudes où se développeraient des jeux de pouvoir. Les règles du jeu rendent ainsi les comportements des acteurs plus « prédictibles » et ainsi plus anticipables et donc transparents.

La démarche de dialogue de gestion favorise cet environnement car, comme le souligne le sociologue, « l'expérience montre que la communication de ces données est vécue comme une marque de confiance et comme la preuve d'une écoute sérieuse. Les acteurs peuvent alors discuter du fond avec suffisamment de transparence – sans naïveté – pour éviter les interminables discussions sur les anecdotes et les procès d'intention ».[181]

Cependant, pour mener à bien cette démarche de changement, le directeur doit susciter l'adhésion des acteurs. Comme nous l'avons développé dans la partie I de « Du dialogue de gestion au projet managérial », il pourra s'appuyer pour réussir sur les apports de la théorie de l'acteur-réseau[182].

Poser une problématisation qui « fasse sens » pour l'ensemble des acteurs sera la première étape de cette approche. Nous pouvons la développer à présent.

---

[180] Ibid.

[181] Ibid.

[182] CALLON M., « Eléments pour une sociologie de la traduction. La domestication des coquilles Saint-Jacques et des marins-pêcheurs dans la baie de Saint-Brieuc », L'année sociologique, 1986

B- PROBLEMATISATION DE LA DEMARCHE RENOVEE DE PROJET D'ACCOMPAGNEMENT PERSONNALISE

La problématisation est « l'espace » où les acteurs vont prendre conscience qu'ils sont concernés par un problème et qu'ils peuvent trouver satisfaction à contribuer à sa résolution.

Pour l'établissement C, les constats réalisés lors des réunions de concertation organisées dans le cadre des schémas directeurs Grand Age ou Handicap vont se lier avec le devenir et la stratégie de l'établissement. La communication par la direction de ces constats et le « cap » qu'elle souhaite donner à l'établissement vont permettre de rendre visible la problématisation pour les acteurs. Ainsi, la problématisation peut être formulée de la manière suivante :

Comment concrètement l'établissement C va pouvoir répondre aux « situations d'accompagnement inadapté » constatées lors des réunions de concertation menées sur le territoire ?

Comme nous l'avons analysé dans le diagnostic, les situations d'accompagnement inadapté diagnostiquées sur le territoire sont également présentes sur l'établissement C. L'expérience collective de ces situations et les difficultés inhérentes à celles-ci sont bien ancrées dans les équipes. Elles font partie de la « réalité » du quotidien des équipes. Elles parlent ainsi directement aux agents.

Les communications organisées par la direction autour de la problématisation ne pourront s'inscrire que dans un cadre managérial « éco-responsable » où le principe de transparence contribuera à créer de la confiance.

La problématisation va s'appuyer sur l'intention et le cadre du projet managérial posée par la direction. Elle va leur donner en quelque sorte de la substance et se er en « matériaux du concret » pour les agents.

Elle s'oppose en cela à une rhétorique managériale de l'intérêt général qui serait, selon François Dupuy, « une notion abstraite, voire manipulatoire, défendue soit par un acteur qui s'attribuerait le monopole de sa définition, évidemment à son profit, soit par quelques illuminés, rêvant d'un hypothétique consensus autour d'un bien commun recueillant l'assentiment de chacun »[183].

---

[183] Ibid.

Les acteurs pourront se sentir d'autant plus concernés par la problématisation qu'ils se vivent dans une communauté d'entre-aide engagée sur leur territoire. Ils trouveront un sens à s'engager collectivement dans la recherche de solutions à un problème qui, *ipso facto*, les concerne tous en tant que membre de cette communauté territoriale locale.

Développer un cadre managérial éco-responsable va favoriser l'engagement des agents dans cette appropriation de la problématisation. C'est en effet à partir des éléments communiqués par la direction que les agents vont prendre connaissance des constats réalisés au niveau du territoire. Mais c'est au travers d'un cadre managérial qu'ils vont pouvoir développer une réflexion sur les moyens et les réponses à la problématisation.

En favorisant l'accessibilité et la transparence, le « chef » développe sa fonction de « passeur » et « transmetteur »[184] d'informations auprès des équipes. Il véhicule auprès des agents l'intention de partager les informations dont il a connaissance et de les associer dans la réflexion à la problématisation. Il « déhiérarchise » l'organisation, il se positionne en coéquipier pour accompagner les équipes et développer les « talents » au service d'une problématisation identifiable de tous.

En promouvant le dialogue de gestion, la direction s'inscrit dans une recherche de « l'*empowerment* » des acteurs. Inscrite dans un projet managérial dont les intentions et le cadre sont posés auprès des acteurs, la démarche de dialogue de gestion ne pourra que se renforcer car, selon François Dupuy, « elle permet d'associer les acteurs concernés à la recherche de solutions, ce qui donnera à ces dernières une forte légitimité »[185].

La démarche rénovée de projet d'accompagnement personnalisé est l'approche choisie par la direction pour aligner « verticalement » les tutelles, la direction et les agents. Le diagnostic posé précédemment sur la perception des politiques publiques (et notamment des élites) par les agents avait souligné un « écart ». La problématisation vise précisément à réconcilier les deux.

La problématisation présentée par la direction va consister à introduire pour les agents une possibilité d'agir sur le devenir de l'établissement C

---

[184] Ces notions ont été précisées dans la Partie I de « Du dialogue de gestion au projet managérial ».

[185] Ibid.

et d'apporter une réponse concrète aux constats réalisés par les acteurs du territoire. En mettant les professionnels en situation de « pouvoir agir », la problématisation les prépare à « embarquer pour un voyage ». Elle prépare les acteurs à s'associer à la direction dans une réflexion où l'intéressement et l'enrôlement vont prendre tout leur sens.

La phase d'intéressement permettra de concilier les intérêts individuels avec la problématisation. Comme le nomme François Dupuy, ce travail de « régulation des intérêts divergents » est une phase importante dans la mise en œuvre de la démarche rénovée de projet d'accompagnement personnalisé.

En même temps que l'intention et la cadre managérial se posent, les phases de problématisation et d'intéressement se définissent avec les acteurs. Elles sont le préambule incontournable à tout travail « technique » pour la direction.

En d'autres termes, ceux sont des étapes importantes pour que les acteurs s'approprient la démarche de dialogue de gestion qui va leur être proposée au travers du projet d'accompagnement personnalisé. Sans ce travail préalable, les acteurs ne sauraient ni percevoir l'intention de la direction, ni comprendre le sens que la démarche de dialogue de gestion peut avoir, individuellement ou collectivement, pour eux.

C'est donc bien en amont de la phase de définition du projet que la problématisation et l'intéressement se développent. Le temps est celui des agents même si ceux-ci peuvent avoir expérimenté par eux-mêmes les constats réalisés par les acteurs du territoire et donc, la problématisation sous-jacente.

Le diagnostic posé sur l'établissement C montre que cette situation est présente et que les agents reconnaissent dans le « discours problématisant » de la direction une réalité plus ou moins proche de leur quotidien.

Cependant, « réguler les intérêts divergents » demeure la garantie pour la direction de pouvoir s'assurer la participation de tous et non de quelques-uns au projet. L'adhésion au projet du plus grand nombre sera l'enjeu de la stratégie d'intéressement. Elle ne pourra prendre forme que dans un processus « d'individuation » par les acteurs[186][187]. Plus elle sera

---

[186] Le psychiatre suisse, Carl Gustav Jung, a développé le concept "d'individuation" qui décrit le processus de « réalisation de soi-même ».

[187] JUNG C.G., « Dialectique du Moi et de l'inconscient », 1928

solide, plus elle sera portée dans le temps par les acteurs. Elle est en somme la garantie d'un changement structurel dans les pratiques professionnelles des acteurs. C'est en cela qu'elle ne peut pas être superficielle et qu'elle s'inscrit dans un cadre managérial « éco-responsable » pour les acteurs.

C- SENS ET RECONNAISSANCE AU CŒUR DE LA STRATEGIE D'INTERESSEMENT

La démarche de dialogue de gestion s'inscrit dans la « production de sens à l'action » pour le personnel de l'établissement. L'action pour les agents ne peut que se comprendre que dans la proximité. Proximité dans les activités et tâches réalisées au quotidien, proximité entre les acteurs de l'établissement et proximité avec les usagers et leurs représentants légaux. C'est pour cette raison que la démarche de dialogue de gestion ne peut trouver son essence que dans le concret pour les agents.

La démarche rénovée de projet d'accompagnement personnalisé relève de cette logique. Elle s'inscrit dans une démarche de dialogue de gestion qui s'appuie essentiellement sur un objet-frontière appartenant à la même sphère du concret, l'exercice du professionnel dans l'accompagnement de l'usager.

Cette démarche va se nourrir de l'environnement « éco-responsable » développé par un projet managérial dont le « sens à l'action de tous et reconnue par tous » doit être la préoccupation. Il s'agit donc bien de remettre le professionnel au centre du sujet.

Mais qu'en est-il vraiment puisque le résident est déjà au centre des préoccupations des professionnels et des directions d'établissements médico-sociaux comme nous l'avons vu dans le premier chapitre ?

N'est-ce pas finalement « réconcilier l'inconciliable » selon l'expression de François Dupuy ? Car, comme le sociologue le souligne, « la souffrance au travail peut et doit être une préoccupation centrale mais essayer de la résoudre en prétendant que l'on va mettre les salariés au centre de l'entreprise dans l'acceptation organisationnelle de cette expression c'est aller un peu vite en besogne et faire des promesses inconsidérées qui témoignent de l'ignorance de ceux qui les font... »[188].

L'avertissement du sociologue est clair pour les dirigeants d'établissements médico-sociaux où les nécessités d'adaptation rapide à la nouvelle donne relèguent en arrière-plan les conditions de travail qui

---

[188] Ibid.

n'ont jamais été « une priorité pour les dirigeants eux-mêmes pris dans des systèmes de pression très contraignants »[189].

Résidents et professionnels au cœur de la démarche rénovée

Remettre le professionnel et le résident au cœur des organisations, voilà donc le défi relevé par la démarche rénovée de projet d'accompagnement personnalisé.

En procédant de la logique où le « sens à l'action de tous est reconnue par tous », elle vise les conclusions du diagnostic posé sur l'établissement, sa culture du management et l'état des lieux de la démarche de dialogue de gestion.

Alors que l'accompagnement des usagers est considéré comme satisfaisant [190], la reconnaissance du travail accompli par les professionnels est qualifiée « d'empêchée voire dévalorisée » au sein de l'établissement C.

En effet, le diagnostic développé précédemment nous a permis d'identifier que le dialogue de gestion développé dans un cadre managérial où la circulation des informations n'est pas favorisée contribue à rendre invisible le travail accompli par et pour les professionnels.

Dans la Partie I de notre réflexion, nous faisions bien le constat que « respecter l'autre passera par conséquent sur la reconnaissance de sa capacité à s'exprimer et à participer à la mise en œuvre de la politique générale de l'établissement. Reconnaître son altérité sera reconnaître sa différence de point de vue et sa capacité à appréhender des sujets d'une manière différente sans une quelconque distinction. C'est bien dans la confrontation des opinions que naîtra l'expression d'un respect mutuel qui permettra de prendre en compte la diversité des agents »[191].

---

[189] Ibid.

[190] Les enquêtes de satisfaction auprès des professionnels, des familles et des usagers ont confirmé cette perspective en 2018.

[191] Ibid.

Un projet managérial favorisant par son cadre l'altérité renforcera le sentiment de reconnaissance des professionnels dans ce qu'ils connaissent le mieux, à savoir l'exercice de leur métier auprès de l'usager (« la primauté à celui qui fait » selon l'expression de Michel Hervé[192]).

En reconnaissant l'expression de l'altérité des professionnels dans leur quotidien, la démarche rénovée de projet d'accompagnement personnalisé propose de renforcer la reconnaissance et le sens du travail accompli.

Redonner ainsi aux professionnels la possibilité de s'exprimer sur l'accompagnement des usagers, c'est leur laisser exprimer leur altérité sur les raisons du « pourquoi » et du « pour quoi » ils sont là. C'est donc reconnaitre leur individualité et leur propre désir de se réaliser au sein de l'établissement et du collectif.

Nous pouvons nous arrêter un instant sur une catégorie d'acteurs que nous n'avons pas abordée auparavant dans le diagnostic, à savoir les agents des fonctions d'animation ou de sport adapté.

Traditionnellement, le secteur sanitaire et médico-social n'apprécie pas à leur « juste valeur » la contribution de ces professionnels dans la stratégie d'accompagnement du résident. Elles demeurent insuffisamment visibles et reconnues par les professionnels soignants. Ces fonctions sont d'ailleurs qualifiées de « périphériques » car, comme leur nom l'indique, elles ne sont pas au « pied du lit » du résident.

Pourtant, l'évolution du public accueilli au sein de l'établissement C vers la grande dépendance et les troubles du comportement a très fortement changé ces dernières années la mission de ces fonctions métiers dont l'impact est largement sous-estimé par les soignants dans les unités. Nous verrons que la démarche rénovée de projet d'accompagnement personnalisé a repositionné ces fonctions « périphériques » au côté des référents-résidents dans une logique de soignants-animateurs.

---

[192] Ibid.

« Réconcilier temps long et temps court »

En contribuant à la démarche rénovée de projet d'accompagnement personnalisé, l'ensemble des professionnels s'inscrivent dans un processus de réconciliation du temps « court » et du temps « long ». Le temps « court » des professionnels est celui du quotidien semé d'irritants, de perte de sens et de non reconnaissance[193]. Le temps « long » est celui de l'établissement et de la stratégie.

La réconciliation du temps « court » et du temps « long » donne du sens aux professionnels. Accompagner les résidents au quotidien dans une logique d'accompagnement personnalisé au service de la stratégie de l'établissement, c'est donner du « sens à l'action » à tous les professionnels et reconnu par tous les professionnels. C'est proposer aux professionnels « d'embarquer pour un voyage » où chacun pourra contribuer et exprimer son altérité dans une démarche d'*empowerment* des acteurs.

Comme nous l'avions exprimé au côté de Michel Hervé, c'est affirmer « la confiance dans le potentiel de tout homme à se réaliser intégralement […] L'homme doit être conçu comme un potentiel qui cherche à se développer et dont les organisations ont la responsabilité d'accompagner son développement »[194].

Réconcilier l'individualité et le « sens du collectif » de chaque professionnel fait donc partie de la démarche rénovée de projet d'accompagnement personnalisé. Elle permet aux professionnels d'affirmer leur volontés individuelles[195] sans « trahir » le sentiment d'appartenance à un groupe et à une communauté fondée sur des valeurs d'entre-aide et de solidarité.

En facilitant l'expression des agents et les échanges sur l'exercice de leur professionnalité, la démarche rénovée de projet d'accompagnement personnalisé permet d'éviter de faire naître les sentiments de

---

[193] Le rôle des encadrants en tant que « fabricants » de cohérence a été présenté dans la Partie I de notre réflexion.

[194] Ibid.

[195] Notamment aux choix relatifs aux parcours professionnels (mobilité, formations promotionnelles, etc.).

dévalorisation ou de « frustration » que le diagnostic avait mis en exergue chez certains professionnels.

Elle permet aussi de « responsabiliser » les professionnels qui sont au quotidien les représentants de l'établissement face aux familles ou aux représentants des usagers.

Pour le dirigeant, accepter la puissance du groupe et les forces qu'il peut exprimer au sein de l'établissement, c'est poser à la fois un cadre et accepter une « boite noire » où les interactions des acteurs ne sont pas contraintes.

C'est remettre le professionnel au côté de l'usager au cœur des préoccupations des organisations. C'est leur redonner du sens et de la reconnaissance.

II. Intéressement et enrôlement au cœur du réseau d'acteurs

Nous avions vu dans la Partie I de notre réflexion que la mise en œuvre de la démarche de dialogue de gestion au sein d'un établissement devait s'appuyer sur la compréhension du réseau d'acteurs et des stratégies individuelles des différents intervenants.

L'étude de la stratégie d'intéressement posé pour la démarche rénovée de projet d'accompagnement personnalisé va illustrer, selon l'expression de François Dupuy, le travail de « régulation des intérêts divergents » à mener par le directeur et son équipe.

Confondre les intérêts individuels dans une stratégie d'intéressement au service d'une problématisation amène les acteurs à se repositionner dans le système d'action concret au travers de « rôles » qu'ils n'avaient pas nécessairement auparavant.

Ces « jeux » de rôles qui se dessinent progressivement entre les acteurs redessinent les rapports des acteurs les uns aux autres. En même temps que de nouveaux « rôles » apparaissent, des alliances se reforment autour des différentes stratégies d'intéressement mises en place par les acteurs.

Accompagner cette phase d'enrôlement au sein du système d'action concret fait partie du travail de régulation mené par l'équipe de direction. Elle doit se mettre en perspective par rapport au diagnostic posé sur le « sens collectif » au sein de l'établissement C.

C'est ce « décryptage » initial qui permettra à l'équipe de direction de progresser dans ce travail de régulation. Nous verrons un peu plus tard l'importance pour la direction de consulter au préalable les professionnels qui seraient susceptibles d'être « intéressés » par la démarche rénovée de projet d'accompagnement personnalisé et la direction.

Le travail de régulation mené par le directeur et son équipe ne pourra s'inscrire que dans une démarche pragmatique qui permettra à l'ensemble du réseau d'acteurs de s'inscrire dans l'action concrète « petit à petit ».

Cette approche des « petits pas » sera garante de l'adhésion des acteurs qui, en développant un comportement plus prédictible, permettront une confiance de plus en plus affirmée dans la démarche.

Trois catégories d'acteurs seront au cœur de la stratégie d'intéressement du projet d'accompagnement personnalisé : les usagers, les membres du personnel et l'équipe de direction de l'établissement.

La première catégorie d'acteurs se compose des usagers. Les usagers peuvent être le résident et/ou son représentant légal. Ce dernier prend de plus en plus d'importance dans un contexte de prise en charge de la grande dépendance et des troubles cognitifs au sein des établissements médico-sociaux. Nous avons vu que leur rôle ne se limite plus à leur relation à l'institution mais s'inscrit plus largement dans une « démocratie sanitaire » où l'*empowerment* des usagers est promu.

La seconde catégorie d'acteurs englobe l'ensemble des professionnels de l'établissement. Plusieurs groupes peuvent se distinguer. Nous attacherons une attention particulière sur le rôle de « référent-résident »[196] qui est central dans la démarche rénovée de projet d'accompagnement personnalisé. Nous serons sensibles à la relation d'une part au « collectif » et d'autre part aux professionnels plus « spécialisés » comme les paramédicaux. Comme nous l'avions diagnostiqué, ces catégories professionnelles ont un intérêt à redéfinir leur rôle et leurs alliances au sein de l'établissement C. Nous essaierons d'exposer les intérêts « catégoriels » tout au long de la mise en œuvre de la démarche rénovée de projet d'accompagnement personnalisé.

Enfin, la troisième catégorie d'acteurs est constituée des professionnels appartenant à la direction. Le directeur, l'encadrement soignant ou les responsables d'équipe constituent des groupes qui ont un intérêt individuel propre dans la démarche présentée. Cet intérêt peut être divergent de celui du directeur de l'établissement. Nous avions étudié préalablement dans le diagnostic le rapport que pouvait entretenir les membres de l'équipe d'encadrement avec le « collectif ». Les « jeux » de rôle et d'alliance seront à considérer dans cette perspective également.

Les éléments d'analyse qui vont suivre n'ont pas vocation à être exhaustifs. Ils ne peuvent se présenter pour le lecteur que sous une forme d'éclairage d'une situation en constant mouvement où les jeux d'alliance se font et se défont au gré des acteurs et de leur stratégie d'intéressement.

---

[196] Les référents-résidents ont la responsabilité de développer le projet d'accompagnement personnalisé avec le résident et/ou son représentant légal.

Cependant, ces éléments essaieront d'illustrer toute la complexité de poser une stratégie d'intéressement et d'anticiper les « rôles » et les alliances que pourront adopter les acteurs au sein du système d'action concret.

La réussite à « réguler les intérêts divergents » constituera donc un enjeu primordial dans la mise en œuvre du changement. Sécuriser les acteurs dans leur futur rôle tout en leur remettant suffisamment de pouvoir pour faire progresser le changement reste un équilibre délicat à appréhender par la direction lorsqu'elle étudie le système d'action concret.

Cette approche pour la direction ne peut être dissociée d'une part du cadre managérial « éco-responsable » que nous avons évoqué et d'autre part d'une démarche « agile » et adaptative. Cette dernière sera développée un peu plus tard dans cette réflexion. Car, nous pouvons d'ores et déjà anticiper qu'une approche rigide et planifiée des interactions au sein du système d'action concret constitue un risque pour la direction tant l'environnement demeure « mouvant ». En effet, il serait illusoire de pouvoir anticiper tous les comportements des acteurs au sein du système d'action concret.

La stratégie d'intéressement devra être pensée dans une approche du « chacun pour soi mais ensemble » selon l'expression de François Dupuy[197]. Cette stratégie associera les trois catégories d'acteurs définies précédemment en lien étroit avec leurs intérêts respectifs. Il est plus « sûr » d'envisager une approche par entonnoir où la catégorie d'acteur (i.e. les professionnels) prédominerait sur le groupe d'acteurs (i.e. les paramédicaux) qui lui-même prédominerait sur un acteur en particulier (i.e. Madame X, infirmière sur l'EHPAD).

Cette « logique » permet de poser un cadre méthodologique d'approche systémique à destination du réseau d'acteurs. Elle permet dans un premier temps de valoriser le « collectif » et l'ensemble de ses caractéristiques sans se noyer dans le particularisme. En même temps, elle permet également de prendre en compte la spécificité et l'intentionnalité des acteurs tels qu'ils se présentent de part leur histoire de vie et leur personnalité.

En travaillant sur la régulation des intérêts individuels des acteurs, la stratégie d'intéressement s'inscrit dans un cadre et une temporalité institutionnelle. Elle trouve un écho dans la politique générale de

---

[197] Le sociologue fait référence à la célèbre phrase du P-DG de General Electric, Jack Welsh : « Nous souhaitons des canards sauvages mais qui volent en formation ».

l'établissement puisqu'elle est constitutive de la réponse à la problématisation mise en œuvre par l'institution mais également l'ensemble des acteurs.

A- INTERESSEMENT ET ROLE DES USAGERS

Dans le cadre du diagnostic sur l'établissement C, nous avons vu que le public accueilli au sein de l'établissement C avait évolué considérablement ces dernières années.

Constatée également au niveau national, cette tendance s'est accompagnée de la volonté des pouvoirs publics de développer la participation des usagers (et de leurs représentants) dans la construction de leurs parcours et de leur prise en charge. Le principe de l'exercice d'une « démocratie sanitaire » s'est largement développé sur cette base avec la volonté de pouvoir associer les familles à l'adaptation de l'offre médico-sociale[198].

Cette approche a été motivée pour les pouvoirs publics par les trois principaux objectifs du *New public management* à savoir la recherche de la satisfaction des usagers, la transformation de l'offre et l'efficience des acteurs et du système dans son ensemble.

Historiquement très présente sur le secteur du handicap, la représentation légale des usagers s'est progressivement étendue ces dernières années au secteur des personnes âgées dépendantes. Les maladies neuro-dégénératives et plus largement la grande dépendance en ont été les principales raisons.

A partir de 2007, le cadre d'exercice des mandataires judiciaires à la protection des majeurs (MJPM) s'est d'ailleurs renforcé. Dès 2009, la création du mandat de protection future a enrichi les outils disponibles depuis 2002 pour accompagner une plus grande « judiciarisation » de la relation entre les familles et l'établissement[199].

C'est donc dans ce contexte que les réunions de concertation se sont tenues sur le territoire de l'établissement C et ont pu diagnostiquer les « situations d'accompagnement inadapté » dont nous avons présenté les grandes lignes dans le cadre de la problématisation.

---

[198] La loi de modernisation de notre système de santé du 26 janvier 2016 a prévu la création des conseils territoriaux de santé (CTS) qui ont vocation à devenir des « parlements territoriaux de santé » où le collège des usagers peut représenter jusqu'à 20% des voix.

[199] L'ANESM recommande que le projet d'accompagnement personnalisé soit joint au contrat de séjour du résident en EHPAD (Recommandations ANESM, décembre 2018).

Les enjeux pluriels pour les usagers et les familles

Pour la direction de l'établissement C, l'intéressement des familles est un paramètre important dans le cadre de la démarche rénovée de projet d'accompagnement personnalisé. Il peut se décliner sur trois dimensions.

Tout d'abord, au niveau du territoire, nous avons vu que la participation des associations d'usagers aux réunions de concertation[200] a traduit leur volonté de s'inscrire dans une « démocratie sanitaire » et de participer aux transformations du secteur.

En contribuant à la définition des orientations de politique publique territoriale, les associations d'usagers s'inscrivent dans un processus participatif global où la définition et la régulation des moyens demeure un enjeu principal. Nous avions diagnostiqué notamment que l'insuffisance du nombre de places dans les établissements médico-sociaux du territoire était une demande régulière émanant des associations d'usagers du secteur du handicap.

Ainsi, les orientations discutées dans le cadre des réunions de concertation s'inscrivent dans la politique d'aménagement du territoire. Comme nous l'avions constaté également dans le diagnostic de l'établissement C, chaque établissement médico-social constitue un bassin d'emplois important au niveau des communes et des communautés de communes. La fusion de l'établissement C avait été d'ailleurs promue au niveau des élus du territoire dans le but de maintenir un bassin d'emploi au niveau local.

Dans ce contexte, les pouvoirs publics vont être particulièrement vigilants à favoriser l'expression de la démocratie sanitaire en lien étroit avec les acteurs. L'expression des usagers va être une garantie d'adhésion des citoyens aux politiques territoriales et infra-territoriales dans un contexte social particulièrement tendue[201]. L'expression des usagers au sein de cette « démocratie sanitaire » va constituer donc un

---

[200] Le plan de santé mentale ou les schémas directeurs pour personnes âgées dépendantes ou en situation de handicap sont autant d'exemples de ces orientations.

[201] Le mouvement des « gilets jaunes » s'est déroulé à la même période que les réunions de concertation.

enjeu pour les financeurs[202] et les élus politiques locaux. Il confirme toute la portée que lui a donné le courant de pensée du *New public management*.

Les constats réalisés par les réunions de concertation ont mis en exergue les situations d'accompagnement inadapté sur le territoire. Ces sujets « d'inefficience systémique » vont être exprimés par les représentants des usagers et saisis par les Autorités de tutelle comme des orientations stratégiques à décliner pour les établissements et services médico-sociaux notamment. Ainsi, les situations d'accompagnement inadapté vont constituer un intéressement pour les usagers et les familles d'un territoire rural dont le principe de communauté d'entre-aide est un des principaux marqueurs[203].

Au sein des établissements médico-sociaux, la participation et le rôle des usagers va également se matérialiser au travers des outils de la loi 2002-02.

Pour la direction, la participation des usagers et de leurs représentants aux Conseils de vie sociale ou aux Conseils d'administration relève également d'une logique de démocratie sanitaire.

Comme nous l'avons vu précédemment, l'expression des usagers et de leurs représentants sur le fonctionnement quotidien de l'établissement contribue à la démarche qualité promue sur le secteur depuis au moins deux décennies.

Les enquêtes de satisfaction réalisées auprès des usagers et des familles en sont un exemple sur l'établissement C. Ils seront également des « axes » de travail pour une inspection réalisée par l'Agence régionale de santé et le Conseil départemental sur un des trois secteurs de l'établissement C. En cela, elles constituent une réponse aux objectifs de

---

[202] Nous rappelons que le Conseil départemental et l'Assurance maladie représentée par l'Agence régionale de santé sont les financeurs institutionnels des établissements médico-sociaux des secteurs personnes âgées dépendantes et handicap. Leurs contributions budgétaires sont d'autant plus importantes que la proportion des résidents à l'aide sociale est forte sur l'établissement C.

[203] Il convient de ne pas « idéaliser » l'implication des usagers dans la démocratie sanitaire au sein du territoire de l'établissement C. Les participations dans ces réunions infra-territoriales ont été soutenues à des degrés différents en fonction des caractéristiques « topologiques » du secteur médico-social. Par exemple, le dynamisme du bénévolat dans les associations de soins à domicile ou de transport de personnes à mobilité réduite en est un exemple.

satisfaction et de transformation de l'offre telle que recherchée par le *New public management*.

L'expression des usagers et de leurs représentants peut ainsi trouver une déclinaison dans le quotidien des équipes soignantes au travers de protocoles ou de réagencement dans l'accompagnement des résidents.

Dans le cadre du diagnostic, nous avions vu que le contexte d'EHPAD-*bashing* avait trouvé un appui sur une base d'expériences et de témoignages des familles d'usagers dans les médias. Ce point fait également écho à l'expression des usagers dans les réunions de concertation. Les usagers au travers d'expériences personnelles ont pu exprimer leur ressenti sur les « dysfonctionnements systémiques » constatés au niveau territorial.

Nous rappelons qu'au sein même de l'établissement C, les situations d'accompagnement inadapté sont également présentes. Elles constituent en cela une base d'intéressement pour les familles et les usagers puisqu'elles questionnent la qualité de l'accompagnement apporté auprès du résident de manière plus générale.

Enfin, l'accompagnement au quotidien du résident demeure le principal point d'intéressement des familles et des usagers. Contrairement aux deux dimensions précédentes, elle est « moins abstraite » et fait écho naturellement au contexte d'EHPAD-*bashing* que nous avons présenté. La qualité de l'accompagnement n'est plus à ce niveau une notion technique. Elle est une « expérience » accessible à tous. Elle est par conséquent un dénominateur commun et une base d'intéressement beaucoup plus large pour les usagers et leurs représentants.

Au sein de l'établissement C, elle trouve une traduction dans le « concret ». La participation des familles aux rendez-vous institutionnels que sont le Conseil de vie social ou le Conseil d'administration demeure « réservé » à certains représentants. Il reste extrêmement rare que cette participation ne soit pas liée à un « intérêt particulier » dans la mesure où leur proche est accompagné au sein de l'établissement C. En revanche, la participation des familles aux temps conviviaux[204] est particulièrement forte. Il en est de même des

---

[204] Dans le diagnostic de l'établissement C, nous avions souligné le principe de communauté d'entre-aide et la culture du partage, caractéristiques des territoires ruraux. Les temps festifs organisés sur chaque secteur comme les barbecues d'été permettaient

réunions professionnelles où les familles sont également invitées[205]. Le contexte convivial de ces réunions permet également de les rendre attractives pour un public pas nécessairement averti sur les éléments « techniques » qui pourraient y être exposés par l'équipe pluridisciplinaire.

Dans le cas des projets d'accompagnement personnalisé, des séances de restitution sont organisées entre les professionnels et les familles une fois par an. La présence des familles traduit le même souhait de rentrer en contact avec les professionnels et de partager leurs expériences d'aidant.

En effet, aussi bien dans le secteur handicap que personnes âgées dépendantes, la « transmission » de la connaissance ordinaire du proche constitue un enjeu pour les familles. Cet enjeu n'est pas forcément conscientisé par les familles mais il trouve des terrains d'expression.

A l'admission, le parcours de vie fait partie des éléments transmis par la famille aux professionnels de l'établissement. Ces éléments intègrent le projet d'accompagnement personnalisé comme les recommandations de l'ANESM le préconisent.

Cependant, les opportunités d'échange tout au long de l'accompagnement se multiplient entre les professionnels et les familles. Elles sont autant de possibilités de transmettre des « clefs » pour débloquer des situations complexes qui peuvent apparaitre suite au développement ou l'expression de la pathologie dont souffre le résident.

Ainsi, l'accompagnement « personnalisé » est une base d'intéressement pour les usagers et pour leurs représentants qui dépasse la qualité de l'accompagnement. Pour les aidants, il est source de reconnaissance dans le travail réalisé avant la prise en charge du résident par l'établissement. Cette base d'intéressement est en lien direct avec la stratégie développée par les pouvoirs publics sur le maintien à domicile pour les personnes âgées dépendantes ou l'inclusion pour les personnes en situation de handicap.

Elle témoigne également de la mise en perspective de ce que les recommandations de l'ANESM ont mis en avant dans la démarche de

---

aux professionnels, aux résidents et aux familles de se retrouver et d'échanger informellement.

[205] Par exemple, le « café des familles » organisé sur une unité spécialisée dans les troubles du comportement permettait un temps de rencontre et d'échange formalisée.

projet d'accompagnement personnalisé : « Les décisions qui ont un impact important sur la vie des personnes – changement de lieu d'habitation, de mode de vie, d'établissement scolaire, d'activité professionnelle, modifications des soins – nécessitent de nourrir ce dialogue entre la personne, ses proches et les professionnels concernés. Ce dialogue est nécessaire pour réussir techniquement la coordination ou le passage de relais entre intervenants et assurer la cohérence globale du parcours de la personne ».[206]

« Réconcilier les enjeux de la stratégie d'intéressement »

Réconcilier ces trois enjeux dans la stratégie d'intéressement auprès des usagers reste un « jeu d'équilibriste » dans le cadre de la démarche de projet d'accompagnement personnalisé. En effet, il peut mettre en tension la « régulation des intérêts divergents » des usagers et de leurs représentants de par ses trois dimensions apparemment cohérentes.

La démarche de projet d'accompagnement qui répondrait à la problématisation posée par l'établissement C est ligne directe avec la recherche « continue » d'améliorer la qualité de l'accompagnement du résident sur l'établissement C.

En cela, elle répond aux besoins individuels du résident et de ses proches. Elle favorise notamment la « déculpabilisation » des familles lors de l'admission de leur proche au sein de l'établissement[207]. Elle répond à la nécessité d'apporter une vue la plus objective possible de ce que propose l'équipe pluridisciplinaire soignante pour accompagner le résident.

Sur l'établissement C, les réunions de restitution des projets d'accompagnement personnalisé sont l'opportunité de clarifier des questionnements ou de répondre aux demandes des familles. Par exemple, un renfort de séances de kinésithérapie ou un éclairage de la diététicienne pour un résident du secteur handicap peut être souhaité par la famille qui accueille son proche à domicile régulièrement. En somme,

---

[206] Ibid.

[207] Le lecteur pourra se référer à l'article de Claudine Badey-Rodriguez « L'entrée en institution, un bouleversement pour la dynamique familiale » (Gérontologie et société, 2005/1 (vol. 28 / n° 11)

il permet d'associer les familles ou les représentants légaux aux décisions des professionnels en charge de l'accompagnement au quotidien du résident.

Dans sa forme rénovée, la démarche de projet d'accompagnement personnalisé met l'accent sur le regard pluridisciplinaire et l'objectivation. Elle agit ainsi comme une assurance qualité au service de l'usager et de ses besoins. Elle permet de repositionner des objectifs et des évaluations sur les décisions prises qui peuvent être ainsi plus facilement partageables avec les représentants légaux des résidents.

Par ailleurs, en posant une réflexion plus régulière et pluridisciplinaire, la démarche rénovée permet de réinterroger les pratiques et les dispositifs d'accompagnement des résidents. Elle est un vecteur de la gestion des parcours et donc des partenariats entre l'établissement C et les acteurs du territoire en vue de satisfaire les besoins personnalisés de l'usager.

Dans cette logique, la démarche tend par conséquent à répondre aux objectifs du *New public management* comme nous l'avons vu précédemment. Elle favorise également le rééquilibrage souhaité par les pouvoirs publics dans la relation « contractuelle » des familles et des usagers avec l'établissement.

Aussi, il apparait clairement que les usagers ont un intérêt à voir la démarche rénovée de projet d'accompagnement personnalisé se développer au sein de l'établissement C pour leur plus grand bénéfice.

Cependant, il n'en est toujours pas ainsi dans la mesure où la démarche peut faire naître des questions qui mettent en tension les différentes dimensions de l'intéressement des usagers et des représentants légaux. Ces sujets peuvent être identifiés seulement dans un second temps lorsque la démarche a commencé à produire ces premiers effets.

Nous pouvons nous arrêter sur la question de la vie affective et sexuelle pour les résidents du secteur handicap[208].

Sur ce sujet, l'expression des droits et libertés des usagers dans la démarche rénovée de projet d'accompagnement personnalisé peut être sous certains aspects en tension avec la position de la famille et du représentant légal. Les causes peuvent être multiples et, par exemple,

---

[208] Le sujet est de moins grande portée sur le secteur EHPAD mais reste néanmoins un vecteur de tension avec les familles.

prendre naissance à partir du rapport qu'entretient tout simplement la famille au handicap de leur proche.

Cette tension peut amener des échanges vifs entre les résidents et les familles lors des réunions de restitution. Le positionnement des professionnels n'en est que plus difficile même s'il se présente dans un cadre professionnel où la prise de distance doit prédominer. La politique générale de l'établissement sur ce sujet permet également de positionner les contours de cet échange entre la famille, l'usager et les professionnels[209]. Mais, nous pouvons constater que l'intéressement des familles pour la démarche rénovée de projet d'accompagnement personnalisé peut être malmené tant du point de vue du rapport à l'institution qu'à celui de l'accompagnement de l'usager.

Dans la présentation du terrain d'étude, nous avons souligné que des situations d'accompagnement inadapté étaient à la fois présentes sur le territoire mais également sur l'établissement C. Ces situations d'accompagnement inadapté initialement considérées comme « temporaires » se sont finalement inscrites dans la durée.

Elles peuvent faire naître des tensions entre les différentes dimensions de l'intéressement des usagers et de leurs représentants légaux.

En effet, réinterroger la pertinence de l'accompagnement des professionnels pour des résidents accueillis dans des situations d'urgence peut amener les équipes pluridisciplinaires et l'équipe de direction à considérer que le résident doit être pris en charge par un autre établissement ou service médico-social. Ce constat posé par l'établissement C peut être source de tension avec les représentants légaux des résidents concernés dans la mesure où ils ont déjà expérimenté les difficultés à « placer » leur proche dans un établissement.

Ainsi, la démarche rénovée peut amener une tension entre la gestion du parcours du résident sur le territoire et l'accompagnement de celui-ci par l'établissement[210].

---

[209] L'établissement C avait créé un « studio » dédié à la vie affective et sexuelle pour les résidents d'un secteur handicap. Les sollicitations des résidents pour bénéficier de cet espace d'intimité sont encadrées par un protocole sous la responsabilité de la psychologue.

[210] Ce constat peut être également posé pour les familles dont les proches sont déjà présents sur l'établissement. En effet, répondre aux situations d'urgence peut également avoir des répercussions sur le quotidien des résidents et des équipes quand elles ne sont pas anticipées.

Ces tensions peuvent être illustrées également dans la question de l'absentéisme de longue durée.

L'absentéisme longue durée des résidents, un exemple du « réconcilier l'inconciliable »

Sur l'établissement C, plusieurs situations d'accompagnement inadapté existent comme nous l'avons vu précédemment. Ces situations peuvent faire naître des difficultés pour les équipes de l'établissement à répondre au mieux aux besoins des résidents. Ces difficultés sont dans la majorité des cas liés aux pathologies ou à leurs conséquences en termes de troubles du comportement, par exemple.

Les résidents souffrant de troubles du spectre autistique accueillis sur l'établissement C font partie des situations d'accompagnement inadapté dans la mesure où l'expertise des équipes sur ces pathologies est minime.

La question de l'absentéisme longue durée des résidents pose des questions différentes mais elle met tout autant en tension les différentes dimensions de l'intéressement des usagers et de leurs représentants légaux à la démarche rénovée de projet d'accompagnement personnalisé.

Sur le secteur du handicap, certains résidents sont absents plus des deux tiers de l'année du fait de séjours en famille ou de séjours en vacances[211]. Ces résidents bénéficient d'une place d'hébergement permanent tout au long de l'année. Leur chambre est considérée juridiquement comme leur lieu de vie.

La démarche rénovée de projet d'accompagnement personnalisé va réinterroger la pertinence de cette situation qui est historique sur l'établissement C.

D'un point de vue territorial, cette situation interroge puisqu'elle met en lumière une « contradiction apparente » dans le discours des

---

[211] Ce « phénomène » était défini par la direction comme une « évaporation capacitaire ». La capacité autorisée de l'établissement n'est pas utilisée de manière optimale dans la mesure où elle subit un « phénomène naturel » (la participation des proches de l'usager dans son parcours de vie).

associations d'usagers qui demandent plus de places sur le secteur handicap.

Nous rappelons que le taux d'occupation moyen de certains établissements était généralement de 85%[212]. L'établissement C est dans la moyenne des établissements du département. Ainsi, près de 15% de la capacité d'un établissement est disponible tout au long de l'année[213]. Cette vacance représente en moyenne jusqu'à 1700 jours par an soit une moyenne lissée de 4 à 5 chambres vacantes par jour sur le secteur concerné.

D'un point de vue institutionnel, la situation créée par l'absentéisme longue durée des résidents pose également des difficultés.

Tout d'abord, la question des moyens mis en œuvre pour accompagner une capacité « productive » à hauteur de 85% est un sujet important dans le contexte budgétaire du secteur médico-social. L'inadéquation entre les moyens organisationnels et le taux d'occupation de l'établissement est conséquente. Elle se traduit dans les résultats déficitaires de l'établissement C pour la période qui a suivi la fusion.

En effet, les moyens organisationnels sur un secteur donné reste sur un seuil de coûts fixes nécessairement élevé compte tenu des aspects règlementaires ou architecturaux. Cette situation a amené la direction par intérim à réorganiser les services et a essayé de diminuer le coût de la prise en charge. Cela a conduit à des arbitrages qui ont été défavorables sur le moyen-long terme pour les professionnels et la situation de l'établissement C. La vétusté du matériel mobilier en est une illustration comme nous en avions fait le constat dans le diagnostic.

De plus, accompagner des résidents absents plus de 230 jours par an demeure une difficulté exprimée par les professionnels tant en termes de suivi médical que socio-éducatif. Pour l'équipe de direction, un désengagement des professionnels dans l'accompagnement du résident concerné est un risque potentiel qui peut contribuer à nourrir un appauvrissement progressif des pratiques professionnelles comme nous le verrons un peu plus tard.

---

[212] Cette situation concernait selon le Conseil départemental une dizaine d'établissements médico-sociaux sur le département.

[213] Sur l'établissement C, la question de « l'évaporation capacitaire » concernait une dizaine de résidents du secteur handicap bénéficiant d'une place d'hébergement permanent.

Enfin, du point de vue de l'usager, la situation d'absentéisme longue durée répond à l'exercice d'une liberté fondamentale. La famille ou le représentant légal soutient largement cette demande de pouvoir accueillir très régulièrement le proche. Cette demande doit prendre légitimement sa place dans le projet d'accompagnement personnalisé et le parcours de vie du résident au sein de l'établissement.

Cependant, le risque d'une baisse progressive de la qualité d'accompagnement du résident se pose également dans les termes qui ont été exposés précédemment. L'intégration du résident dans la dynamique d'accompagnement du collectif souffre également de ces absences longues puisqu'il ne peut s'inscrire dans un suivi régulier d'activités. Sa dynamique « sociale » avec les autres résidents est également à risque puisqu'elle peut amener progressivement le résident à ne plus s'impliquer dans la vie du secteur qui l'héberge. Cette situation peut amener à terme la famille ou le représentant légal à s'interroger sur la qualité d'accompagnement proposé par l'établissement C.

Dans cet exemple, nous pouvons remarquer que la démarche rénovée de projet d'accompagnement personnalisé se positionne du point de vue du *New public management* respectivement sur les questions de « l'efficience systémique », la pertinence organisationnelle et les moyens mis en place par la direction et enfin la satisfaction de l'usager.

Les trois dimensions de l'intéressement des usagers et de leurs représentants légaux sont en tension visiblement. La régulation entre les intérêts particuliers et collectifs sont *a priori* en contradiction.

En prenant conscience de cette tension, la direction doit pouvoir amener une solution globale qui dépasse le raisonnement cloisonné propre à chaque dimension. C'est la démarche rénovée de projet d'accompagnement personnalisé qui va pouvoir assurer cette « ouverture ».

La démarche rénovée va poser la problématisation aux usagers et leurs représentants légaux. Elle va permettre de situer chacun d'entre eux dans une stratégie d'intéressement qui leur sera propre mais dans une recherche de solution commune et acceptable de tous.

Ainsi, la réponse apportée par la démarche rénovée de projet d'accompagnement personnalisé a été d'ouvrir les possibilités pour que les trois catégories d'acteurs (usagers, professionnels et équipe de direction) travaillent collectivement sur une solution acceptable pour tous.

L'établissement C va proposer aux résidents et aux familles concernés par l'absentéisme de longue durée d'utiliser les chambres vacantes pour proposer des accueils séquentiels ou de jour sur le territoire[214]. Toutes les familles n'ont pas été favorables à cette proposition[215] mais tous les résidents concernés y ont été favorables[216].

Cette première réponse a été ensuite retravaillée pour créer des espaces dédiés pour les accueils séquentiels et de jour[217]. Elle fait partie des conséquences de la logique d'organisation adaptative développée suite à la démarche rénovée de projet d'accompagnement personnalisé. Nous les développerons dans le dernier chapitre de notre réflexion.

Il est intéressant de noter que l'ensemble des familles concernées se sont inscrites progressivement dans la démarche institutionnelle. La planification des vacances avec leurs proches s'est transformée progressivement d'une contrainte en une action « participative » dans la politique de l'établissement[218]. Elle y a un trouvé un « sens » au profit des familles en recherche de solutions de répit sur le territoire[219].

Pour les familles des résidents en hébergement permanent ou temporaire sur l'établissement C, la démarche rénovée de projet d'accompagnement personnalisé a représenté une « garantie » que la connaissance des

---

[214] Les autorisations capacitaires retenues par les autorités de tutelle permettaient cette approche mais ont nécessité des échanges soutenus avec la direction.

[215] Environ 10% des familles concernées par de l'absentéisme longue durée ont refusé la proposition de la direction.

[216] Les résidents consultés étaient en capacité de comprendre et de s'exprimer sur ce sujet. La question de la solidarité (même si elle n'est pas toujours exprimée en ces termes par les résidents) est une raison apparemment tenue pour « évidente » pour les personnes concernées.

[217] Moins de 18 mois après le lancement de la réflexion, la file active pour les accueils temporaires de l'établissement C concernait plus d'une vingtaine de personnes en situation d'accompagnement inadapté sur le territoire.

[218] Cette solidarité de fait a trouvé du « sens » jusqu'à la création des espaces dédiés pour les accueils séquentiels puisque les capacités d'accueil dépendaient des chambres vacantes.

[219] Il faut noter que de nombreuses familles d'usagers de l'établissement C sont passées par cette phase d'attente de places d'hébergement permanent pendant plusieurs années. Nous remarquons que nous retrouvons le principe de communauté d'entre-aide diagnostiqué sur le territoire de l'établissement C.

besoins de leurs proches soient intégrée par les professionnels durant la période de séjour au sein de l'établissement.

En cela, elle a répondu plus largement aux attentes exprimées par les familles. L'expérience des familles en tant qu'aidants a été ainsi valorisée. Elle est source d'interaction objective et factuelle sur l'accompagnement réalisé par les équipes. Associer le regard des représentants et des usagers dans la démarche rénovée de projet d'accompagnement personnalisé est apparu donc comme une réponse « partenariale » dans l'accompagnement de l'usager (entre le domicile et l'établissement).

Cette continuité de « regards croisés » a nécessité pour les professionnels d'adapter leurs pratiques professionnelles. La démarche rénovée de projet d'accompagnement personnalisé a permis de repositionner les professionnels sur les conclusions du diagnostic relatives au projet d'accompagnement personnalisé [220].

Les familles ne s'y étaient pas trompées. En soutenant la réponse de l'établissement C aux problématiques du territoire, les familles de résidents ont permis de contribuer implicitement au changement de pratiques professionnelles au sein de l'établissement C.

---

[220] Le lecteur pourra se référer à l'état des lieux de la démarche de dialogue de gestion telle qu'elle a été présentée dans cet ouvrage.

B- INTERESSEMENT ET ROLE DES PROFESSIONNELS

La deuxième catégorie d'acteurs dans le système d'action concret sont les professionnels. Le diagnostic posé sur l'établissement et notamment sur le « sens collectif » et la « gouvernance de l'équipe de direction » permet d'envisager des pistes de réflexion pour définir la stratégie d'intéressement.

Le contexte de la stratégie d'intéressement est le même que pour les usagers et leurs représentants. Cependant, il se traduit différemment dans les faits et dans les problématiques qui peuvent être travaillés par la direction.

La démarche rénovée de projet d'accompagnement personnalisé s'inscrit dans une approche de *management* par la qualité de vie au travail des professionnels. Ce concept sera développé dans le dernier chapitre de l'ouvrage mais il remet les conditions de l'exercice professionnel en lien avec le projet managérial et la stratégie d'intéressement.

La notion de « qualité de vie au travail » regroupe six champs qui sont présentées en annexe 1 sous la forme de « pétales » par l'Agence nationale de l'amélioration des conditions de travail (ANACT).

L'ensemble des « pétales » de la qualité de vie au travail sont autant de thématiques qui font écho au diagnostic posé par la direction. Elles vont constituer les éléments d'intéressement des professionnels au projet d'accompagnement personnalisé que nous allons développer.

Nous pouvons à présent expliciter par quelques exemples les liens entre les éléments du diagnostic, les thématiques de la qualité de vie au travail et les éléments d'intéressement des professionnels à la démarche rénovée de projet d'accompagnement personnalisé[221].

---

[221] Nous rappelons que la démarche rénovée de projet d'accompagnement personnalisé a été sélectionné par l'Agence régionale de santé (ARS) et l'Agence régionale d'amélioration des conditions de travail (ARACT) pour rejoindre le « Cluster Qualité de vie au travail (QVT) » des établissements médico-sociaux.

L'évolution du public accueilli sur l'établissement C

Dans la présentation du terrain d'étude et du diagnostic de l'établissement C, nous avions fait le constat que des « situations d'accompagnement inadapté » avaient été identifiées par les acteurs du territoire. Ces situations sont également présentes sur l'établissement C comme nous l'avions remarqué.

L'évolution des publics accueillis avait été aussi identifiée dans le diagnostic comme une des caractéristiques constatées tant sur le territoire que sur l'établissement C.

Pour le secteur EHPAD, les troubles du comportement et la baisse de la durée moyenne de séjour au sein de l'établissement C étaient des marqueurs de ces changements. Pour le secteur handicap, le « manque de flux » était également un élément prégnant avec le vieillissement du public accueilli.

Traduites en termes d'accompagnement pour les professionnels, nous avions fait le constat que les prises en charge des résidents étaient de plus en plus difficiles pour les professionnels. Ceci pouvait se traduire par un absentéisme et des tensions organisationnelles en augmentation dans un contexte budgétaire particulièrement contraint pour l'établissement C. D'ailleurs, nous avions fait également ces constats pour les établissements A et B dans la Partie I de « Du dialogue de gestion au projet managérial ».

Dans ce contexte, les thématiques associées à la qualité de vie au travail sont multiples mais nous pouvons citer, par exemple, la santé au travail, le contenu du travail, ou les compétences et parcours professionnels.

Ces thématiques se traduisent concrètement dans le quotidien des agents. Nous pouvons nous arrêter un instant sur ces trois thématiques présentés dans l'annexe 1.

La santé au travail fait référence aux conséquences que peuvent avoir les conditions de travail sur l'état de santé physique ou mental des professionnels. Elle est donc directement en lien avec les conditions de leur exercice professionnel auprès du résident au sein de l'établissement.

L'accompagnement de nouveaux profils de résidents peut mettre en grande difficulté voire en échec certains professionnels. Par exemple, nous avions fait le constat que les troubles du comportement pouvaient pour certains résidents entraîner des refus de soins ou de l'agressivité verbale ou physique à l'encontre des professionnels. Suivant leurs expériences vécues, ces derniers peuvent témoigner de venir « la boule au ventre » au travail.

Les risques psychosociaux relèvent de cette dynamique pour les professionnels. Le sentiment d'épuisement et d'isolement constituent les ressentis les plus couramment exprimés. Les professionnels n'arrivent pas à trouver de solutions pour pouvoir gérer ces situations. Ils peuvent de fait rentrer dans des « automatismes professionnels » qui viseraient à les protéger. Ces situations peuvent conduire à un appauvrissement « programmé » des pratiques professionnelles comme nous allons le voir[222].

Dans le diagnostic de l'établissement, nous avions fait le constat également que la politique de maintien à domicile promue par les pouvoirs publics et soutenue par les usagers et leurs familles avait retardé l'entrée des personnes âgées dépendantes en EHPAD. Les durées d'accompagnements sont de fait plus « courtes » au sein de l'établissement C. Mais, elles sont également plus difficiles physiquement. Ce constat peut être également partagé dans une certaine mesure sur les secteurs du handicap. Les troubles musculosquelettiques en sont des conséquences directes.

Ces changements insuffisamment préparés par les établissements ont des répercussions sur le travail au quotidien des soignants. Le diagnostic de l'établissement C confirme les incidences de ces difficultés en termes d'absentéisme longue durée chez les professionnels.

Des constats identiques avaient été développés pour les établissements A et B dans la Partie I de « Du dialogue de gestion au projet managérial ». Nous avions également fait le constat que l'évolution des publics accueillis pouvait faire partie de l'intéressement des professionnels à s'engager dans une recherche de solutions « équilibrées » avec l'équipe de direction.

---

[222] Dans certaines situations, un appauvrissement des pratiques professionnelles qui s'installe dans la durée peut conduire à des situations de maltraitance. Ces situations de maltraitance, qui ont pu être constatées dans certains EHPAD, ont fait le « lit » de l'EHPAD-*bashing* constaté en 2018 au niveau national.

Le contenu du travail fait écho, pour sa part, à la transformation des pratiques professionnelles et les changements liés à l'accompagnement des résidents.

Par exemple, sur le secteur EHPAD, la perte d'autonomie a modifié profondément les missions d'animation et d'activités des professionnels auprès du résident. Face à des difficultés de concentration ou de communication, l'animation développée ne trouve plus suffisamment de « sens » sur le secteur EHPAD de l'établissement C[223]. De la même manière, l'approche animation initialement retenue lors de la création d'une unité spécialisée dans les troubles du comportement a dû être modifiée au bout de quelques mois. Ainsi, les ateliers thérapeutiques ont été remplacés progressivement par des animations thérapeutiques plus courtes et plus adaptées au public accompagné.

L'évolution des publics accueillis peut également produire des changements majeurs dans l'organisation de l'établissement C. Ces questionnements sont en lien direct avec les éléments développés dans la thématique de la santé au travail. La spécialisation des unités au sein des secteurs est une question pour les équipes et la direction. Est-ce qu'il vaut mieux spécialiser les organisations par type de public ou rester plutôt sur des organisations généralistes ? Les choix peuvent avoir des conséquences importantes pour les professionnels qui peuvent ne plus se reconnaître dans leur mission professionnelle et plus généralement dans la stratégie de l'établissement. Elles posent la question également de leur accompagnement pour développer des compétences et des parcours professionnels plus adaptés aux changements profonds du secteur.

Les compétences et les parcours des professionnels sont donc une thématique importante.

Pour préparer les professionnels à l'évolution des publics accueillis, l'adaptation des compétences et des parcours professionnels vont faire partie des questions d'intéressement pour les agents de l'établissement C. Nous avions fait le constat précédemment que la problématique de l'évolution des publics accueillis sur l'établissement C se pose à la fois

---

[223] Le nombre moyen de résidents qui bénéficie d'animation de type maison de retraite est inférieur à 15% du nombre total de résident sur le secteur EHPAD de l'établissement C.

en termes de pathologies ou de symptômes mais également en termes de préparation des professionnels et des organisations.

L'adaptation des compétences se prépare et se planifie au travers d'outils issus du dialogue de gestion. La gestion prévisionnelle de métiers et de compétences (GPMC) en fait partie. Ces outils permettront d'ailleurs de pouvoir partager et construire avec les représentants du personnel des pistes de réflexion dans le cadre des instances de représentativité[224].

L'évolution des publics accueillis impose une réflexion de la part de la direction sur la gestion des compétences et des plans de formation des professionnels. La politique de ressources humaines et l'attractivité de l'établissement relèvent également de cette réflexion. Elles font partie également des éléments d'intéressement de l'équipe de direction et feront l'objet d'un développement plus tard.

L'ensemble de ces éléments diagnostiqués au sein d'une approche managériale par la qualité de vie au travail sont autant de leviers pour la direction pour amener les professionnels à participer activement à rénover la démarche de projet d'accompagnement personnalisé.

En positionnant les professionnels en « capacité d'action » sur leur environnement de proximité, la démarche rénovée de projet d'accompagnement personnalisé leur permet de contribuer activement à la résolution des difficultés qu'ils rencontrent.

En effet, chaque professionnel va trouver dans la démarche les moyens d'exprimer non seulement leurs difficultés mais également de proposer des solutions concrètes à la direction. Nous verrons un peu plus tard que le « bon sens » et la « relation au travail » des professionnels sont des caractéristiques précieuses[225] pour leur proposer de mettre en œuvre avec ingéniosité des solutions pérennes pour l'établissement.

Le principe de verticalité entre les agents, la direction et les autorités de tutelle peut se déployer ainsi progressivement au travers de la démarche rénovée de projet d'accompagnement personnalisé. Il va

---

[224] Le Comité technique d'établissement (CTE), le Comité d'hygiène, de sécurité et des conditions de travail (CHSCT) ou les commissions de formations sont des exemples d'instances représentatives du personnel.

[225] Pour rappel, elles ont fait l'objet d'une analyse dans le diagnostic de l'établissement C.

pouvoir redonner du « sens à l'action » aux professionnels pour faire face à des éléments qui ont été également diagnostiqués sur le territoire.

« Perte de sens et manque de reconnaissance »

Dans le diagnostic sur l'esprit d'appartenance au groupe, nous avions identifié la difficulté pour certains professionnels à exprimer leurs savoir-faire ou savoir-être face à un collectif prégnant.

Ce sentiment d'une « mise sous cloche » par le groupe est ressenti à divers degrés par les acteurs de l'organisation que cela soit un agent soignant souhaitant prendre des responsabilités dans une unité, un agent de ménage désirant réaliser une formation promotionnelle pour devenir soignant ou un professionnel paramédical de « catégorie A » recherchant à exprimer de nouvelles compétences auprès de ses collègues.

Les difficultés identifiées font écho aux thématiques de la qualité de vie au travail comme le management participatif, les relations au travail ou encore le contenu du travail.

La thématique du management participatif est à repositionner dans le cadre du diagnostic de l'établissement C.

Nous avions fait le constant qu'en « empêchant » l'engagement des agents, le « collectif » peut constituer un frein au développement des initiatives des professionnels. Il peut ainsi atténuer pour certains professionnels le souhait d'exprimer les compétences développées durant leur parcours professionnel.

Il peut ainsi être source de tensions au sein du collectif et peser *in fine* sur la qualité de l'exercice professionnel dans son ensemble.

La démarche rénovée de projet d'accompagnement personnalisé permet ainsi de remettre de la capacité d'action pour l'ensemble des agents en les positionnant explicitement dans un cadre managérial plus facilitateur.

En positionnant le référent-résident au centre de l'accompagnement au côté de l'usager, la démarche rénovée de projet d'accompagnement personnalisé change le paradigme sur le secteur médico-social. Les usagers ne sont pas seulement au cœur des organisations et de la stratégie de l'établissement.

L'usager et le professionnel sont partenaires dans la construction et le pilotage d'un projet commun qui associent les expertises *ad-hoc* que le référent-résident peut solliciter en fonction des besoins. En tant que représentant légal, la famille peut faire également partie intégrante de cette réflexion. Nous avions vu précédemment que cette transmission d'expérience en tant qu'aidant constitue une base d'intéressement pour les familles d'usager.

Le principe de verticalité entre les professionnels, la direction et les financeurs redonne également du sens à l'action des professionnels et du collectif. Il permet de valoriser les dynamiques individuelles sans les mettre en opposition avec le groupe. Ces questions sont particulièrement prégnantes dans les réflexions organisationnelles. La question de la spécialisation (ou non) des unités pour accueillir les résidents à troubles du comportement a été évoqué précédemment.

Le projet managérial posé « sans se poser » par la direction favorisera l'exercice de ces réflexions. Il est au cœur de la stratégie d'intéressement puisqu'il redonne du sens et de la reconnaissance aux professionnels.

L'exercice de ces réflexions organisationnelles relève également de la thématique des relations au travail dans le cadre de la qualité de vie au travail.

Le cadre organisationnel posé par la démarche rénovée de projet d'accompagnement personnalisé permet de constituer une base d'intéressement pour exprimer les regards croisés sur l'accompagnement des résidents (principe d'altérité).

Le développement d'un cadre pour laisser le collectif s'exprimer dans des interactions qui ne sont pas contraintes fait partie des enjeux relatifs à l'expression du projet managérial dans la démarche rénovée de projet d'accompagnement personnalisé.

La fonction de référent-résident en charge du projet d'accompagnement personnalisé permet de positionner un rôle pour chaque agent dans une logique d'*empowerment*. Le cadre managérial éco-responsable leur permet de s'affranchir ainsi implicitement des pressions groupales en favorisant l'expression de leurs compétences au travers d'initiatives.

Au service du résident, ces initiatives sont construites avec le collectif et ne peuvent pas être ainsi perçues comme individuelles par les acteurs.

Des logiques d'alliances vont pouvoir se nouer entre les différents acteurs autour d'initiatives ou de transfert de compétences.

La démarche rénovée permet de redonner un cadre où des éléments méthodologiques pour poser des regards croisés sont posés. Les interactions ne sont pas contraintes mais organisées autour d'un objet-frontière comme nous allons le développer un peu plus tard. Pour suivre l'ANESM, « C'est ce dialogue qui permet aux professionnels de respecter les souhaits des personnes et de leurs proches, d'être au plus près des évolutions des situations et de construire les ajustements propres à relancer une dynamique susceptible de s'enliser dans la routine de la vie quotidienne ».

Ce travail collectif est une base d'intéressement des professionnels mais également de l'équipe de direction. Ce point sera développé après dans les questions relatives au mal-être organisationnel.

Concernant le contenu du travail, cette thématique avait déjà fait l'objet d'un développement dans le cadre de l'évolution des publics accueillis.

Cependant, nous pouvons compléter notre précédente analyse à travers l'exemple des professionnels paramédicaux et psychologues. Dans le diagnostic posé sur l'établissement C, nous avions fait le constat que ces professionnels pouvaient témoigner d'une perte de sens ou d'un manque de reconnaissance de leur travail par les équipes et le collectif.

La revalorisation de leurs métiers ou de leur travail au quotidien en tant que cliniciens fera partie de l'intéressement qu'ils pourront exprimer dans le cadre de la démarche rénovée de projet d'accompagnement personnalisé.

Pouvoir être mis en condition de proposer leurs regards et d'être force de proposition auprès des équipes constitue une opportunité de se voir reconnus pour leur expertise et leurs conseils. Se rapprocher du groupe (tout en sachant qu'on ne l'intégrera pas) permet à ces professionnels de rompre également un isolement potentiellement programmé dans le temps.

La logique de redonner du « sens » et de la « reconnaissance » a été développée en tant que l'un des fondements du projet managérial mis en œuvre. Elle concerne tous les professionnels et ne se limite pas à quelques-uns.

Les besoins d'estime et de reconnaissance sont bien des niveaux de cheminement professionnel légitimes selon la théorie de la motivation développée par le psychologue Abraham Maslow[226].

Pour les professionnels de l'établissement C, ils s'inscrivent dans une dynamique collective en lien étroit avec une communauté d'entre-aide présente sur le territoire. C'est bien l'articulation de cette dualité entre intérêts individuels et collectifs qui va permettre de développer un intéressement qui parlera à tous les professionnels.

« Une troisième voie possible »

La démarche rénovée de projet d'accompagnement personnalisé se présente comme une opportunité pour les professionnels qui ne souhaitent pas choisir entre d'une part leur désir d'être reconnu pour la qualité de leur travail et d'autre part leur souhait d'appartenir à un « collectif ».

C'est bien le rôle de la direction de pouvoir proposer une « troisième voie » et de favoriser l'émergence d'un nouveau contexte la rendant possible.

Les éléments de diagnostic issus du territoire ainsi que la « connaissance ordinaire » des encadrants peuvent permettre à la direction de développer un intéressement également en lien avec les valeurs d'entre-aide et d'entreprenariat présentes chez les professionnels. Les situations d'accompagnement inadapté présentes sur le territoire et sur l'établissement C vont représenter une opportunité de ce point de vue.

Nous avons vu que la valeur « travail » prend une dimension particulière sur le territoire de l'établissement C. La stratégie d'intéressement s'orientera sur la valorisation de « l'intelligence situationnelle de l'acteur »[227]. Etroitement liée avec le projet managérial, l'intéressement

---

[226] MASLOW A., « A Theory of Human Motivation », Psychological Review, no 50, 1943

[227] Ibid.

proposé aux professionnels se vivra dans une logique « d'intra-entrepreneuriat »[228].

Concept développé dans le Groupe Hervé[229], « l'intra-entrepreneur se définit comme un artisan, libre des moyens qu'il se donne pour atteindre les objectifs non pas qu'il s'est librement donné [comme l'auto-entrepreneur] mais qui « doivent être compatibles avec ceux que se donnent les autres » ». Michel Hervé et Thibault Brière réaffirment ainsi que « c'est à donner confiance aux salariés en eux-mêmes, en leur capacité à être leur propre chef, que sert un bon management »[230].

La démarche rénovée de projet d'accompagnement personnalisé vise bien ces champs de la qualité de vie au travail que sont, par exemple, le contenu du travail et le management participatif.

L'expression de cette « troisième voie » choisie par la direction nécessite un projet managérial rénové dans l'établissement C qui sera accompagné par une politique des ressources humaines « rénovée » également. Ces éléments seront développés un peu plus tard.

En reliant le sens de son action au quotidien dans l'accompagnement du résident avec la stratégie de l'établissement, le professionnel s'inscrit dans une contribution à la politique générale de l'établissement. En apportant sa « connaissance ordinaire » à l'encadrement de proximité, il participe de la redéfinition des orientations managériales de chaque secteur et plus largement de celles de l'établissement.

Comme le souligne François Dupuy, « une organisation, c'est un ensemble de stratégies rationnelles d'acteurs, ou, pour faire plus simple, c'est l'ensemble des solutions acceptables trouvées par les différents acteurs dans le contexte qui est le leur »[231].

En contribuant à façonner les organisations et à apporter sa contribution à une adaptation continue des pratiques professionnelles, le professionnel s'inscrit dans une démarche qui pose les bases d'une organisation adaptative au service de l'accompagnement des résidents.

---

[228] HERVE M. et BRIERE T., « Le Pouvoir au-delà du Pouvoir : L'exigence de démocratie dans toute organisation », F. Bourin, 2012

[229] Michel Hervé est fondateur du Groupe ec (2800 salariés, 472 M€ de chiffre d'affaires).

[230] Ibid.

[231] Ibid.

Elle répond en cela au principe d'alignement et de verticalité entre les professionnels, l'équipe de direction et les financeurs.

Comme nous l'avons vu précédemment, l'exemple des absences longue durée des résidents a montré que l'intéressement des professionnels et des usagers pouvaient converger dans une recherche de solution acceptable pour tous.

La stratégie d'intéressement sera effectivement pertinente lorsqu'elle pourra répondre aux trois catégories d'acteurs du système d'action concret. L'équipe de direction devra être prise en compte dans cette stratégie afin de pouvoir assurer l'exercice des principes de verticalité et d'horizontalité dans la mise en œuvre de la démarche rénovée de projet d'accompagnement personnalisé.

C- INTERESSEMENT ET ROLE DE L'EQUIPE DE DIRECTION

Comme nous l'avions développé dans la Partie I de « Du dialogue de gestion au projet managérial », nous retrouvons dans le système d'action concret de l'établissement C les principes indissociables de verticalité et d'horizontalité.

Dans sa verticalité, l'intéressement devra agir de telle manière que « l'impulsion initiale du patron » atteigne la « base » parce que chaque niveau intermédiaire répercutera cette impulsion au niveau hiérarchique inférieur.

Le principe de verticalité a été développé dans l'analyse que nous avons formulée précédemment en lien avec l'intéressement des professionnels pour la démarche rénovée de projet d'accompagnement personnalisé.

Il convient donc à présent de se pencher sur le principe d'horizontalité.

Pour le directeur et son équipe, le principe d'horizontalité peut s'exprimer sous différentes formes dans la stratégie d'intéressement. Celles-ci s'inscrivent également dans la problématique du « chacun pour soi mais ensemble[232] » selon l'expression du sociologue François Dupuy. Elles prennent appui également sur la qualité de vie au travail et aux thématiques qui ont été abordées précédemment pour l'intéressement des professionnels.

Dans son horizontalité, chaque « pair » au sein de l'équipe de direction devra adhérer *a minima* aux valeurs et aux objectifs sous-tendant l'impulsion initiale de telle manière que l'ensemble des équipes de l'établissement soit en cohérence avec cette impulsion. L'intéressement peut être de ce point de vue un « facilitant » dans le processus de changement.

Dans l'établissement C, nous pouvons distinguer deux groupes d'acteurs qui s'inscrivent dans le principe d'horizontalité.

Tout d'abord, le premier groupe se compose de l'équipe d'encadrement de proximité qui comprend les cadres de chaque secteur et les responsables d'équipe dans les fonctions support comme l'administration, la technique et logistique, la restauration ou la blanchisserie.

---

[232] Ibid.

Le deuxième groupe d'acteurs a été déjà identifié parmi les professionnels. Il s'agit des paramédicaux et des psychologues. Ces acteurs dits de catégorie A sont à la charnière entre la verticalité et l'horizontalité et constituent de fait des acteurs également importants de la stratégie d'intéressement définie par la direction.

Pour développer la stratégie d'intéressement auprès de ces deux groupes d'acteurs, l'équipe de direction doit repartir des éléments du diagnostic posé sur le management et la gouvernance de l'équipe de direction.

Nous rappelons que l'objectif de notre analyse ne vise pas à lever le voile de l'anonymat en développant des situations précises. Cependant, nous pourrons nous arrêter sur certains éléments du diagnostic pour ensuite aborder les problématiques et les pistes d'intéressement envisageables.

« L'endogénéisation ou le mal-être organisationnel »

Le sociologue François Dupuy décrit une organisation endogène comme construite de telle façon que « la priorité donnée aux acteurs (de manière consciente ou inconsciente) soit de travailler à résoudre des problèmes internes à l'organisation (techniques ou humains) et non à ceux de son environnement (clients ou usagers) »[233].

Dans les organisations endogènes, le « sens à l'action » pour les professionnels en est généralement impacté sans qu'il soit nécessairement conscientisé par les agents. Ceci peut conduire, par exemple, dans le quotidien à des stratégies de « fuite » sur les questions de fonds abordées lors des réunions d'équipes.

Dans le cas de l'établissement C, le diagnostic posé sur la situation conjoncturelle de l'établissement a mis en relief que les professionnels connaissent de longue date les résidents sur le secteur handicap. C'est le constat bien réel du « manque de flux » et des problématiques liées au vieillissement.

---

[233] Ibid.

Dans le diagnostic, nous avions vu que les professionnels étaient bien conscients des difficultés et qu'ils en témoignaient au quotidien auprès de l'équipe d'encadrement et de direction.

Cependant, de manière plus « sourde », ils peuvent s'ancrer également dans leur quotidien professionnel dans une forme de routine et de sentiment de « déjà vu ». Autrement dit, les professionnels ont conscience d'accompagner depuis longtemps les résidents mais ils n'ont pas nécessairement conscience de ne plus continuer à poser un regard toujours aussi « affuté » sur l'accompagnement qu'ils leur proposent.

Ce constat dont le « manque de flux » sur le secteur handicap serait la cause est « sournois » comme peuvent le confier certains professionnels. Au fil du temps, cette situation se traduit par un phénomène « d'appauvrissement » dans les réflexions interprofessionnelles sur les accompagnements des résidents[234].

Prenons l'exemple d'une unité du secteur handicap de l'établissement C. Le constat posé par les professionnels sur les réunions de transmission ou de synthèses sur les projets d'accompagnement personnalisé montre une propension à l'endogénéisation de l'organisation.

Le sujet principal (le résident) est de moins en moins le vecteur des échanges sur le fonds. Même s'il reste présent sur la forme lors des échanges, l'accompagnement du résident disparait progressivement au profit de sujets d'une plus grande généralité (qualité et éthique des pratiques professionnelles de certains agents) ou du quotidien soignant (les horaires, les questions de remplacements en cas d'absence, etc.)[235].

Les pratiques professionnelles ne sont plus questionnées objectivement par les équipes. Elles peuvent être prétexte à des jeux de pouvoir dans le groupe. Une instabilité organisationnelle peut émerger à travers des

---

[234] Ce sujet a été un enjeu majeur lors de la création d'unités spécialisés dans les troubles du comportement. Les pathologies dont souffrent les résidents nécessitent un questionnement continu des équipes de façon à pouvoir adapter leur accompagnement auprès des résidents. Si les questionnements ne se font pas au « fil de l'eau », des écarts peuvent apparaître et mettre en difficulté les équipes comme nous l'avons analysé précédemment.

[235] Comme le précise François Dupuy, ces éléments peuvent relever de l'anecdote car il se situe au niveau de « l'instantané ». Ils sont autant de signaux d'alerte que de « fausses » pistes pour l'encadrant. Ainsi, muter un professionnel sur la base d'un conflit peut « masquer » dans le temps le problème qui est sous-jacent au conflit.

conflits interpersonnels où chaque acteur va jouer un rôle[236]. Tel ou tel professionnel pourra « prendre part » dans le conflit en tant que bourreau, victime ou modérateur. Il pourra s'affirmer en tant que « *leader du groupe* », se désengager ou tout simplement essayer de fuir du collectif[237]. L'absentéisme ou le désengagement sont des symptômes d'un problème souvent occulté par les équipes.

Comme nous l'avons souligné dans la synthèse du diagnostic, une bonne appréhension systémique est nécessaire pour le directeur afin de « détricoter » les symptômes des problèmes. La même rigueur intellectuelle et la « juste » distance par rapport aux situations s'appliquent pour distinguer les anecdotes des faits. La production d'anecdotes qui peuvent inonder les réunions d'encadrement occulte les faits et la réalité des problèmes dont le diagnostic doit se nourrir.

Pour l'équipe d'encadrement, réinterroger les pratiques des professionnels pour redonner de la pertinence à l'accompagnement quotidien des résidents constitue donc un des piliers de la stratégie d'intéressement de la démarche rénovée de projet d'accompagnement personnalisé.

La démarche de projet d'accompagnement personnalisé va pouvoir répondre aux problématiques posées par l'endogénéisation de l'organisation en faisant émerger une approche d'objectivation, propre à la démarche de dialogue de gestion.

Nous rappelons avec François Dupuy que cette approche est vécue comme une « marque de confiance et comme la preuve d'une écoute sérieuse. Les acteurs peuvent alors discuter du fond avec suffisamment de transparence – sans naïveté – pour éviter les interminables discussions sur les anecdotes et les procès d'intention ».[238]

---

[236] Lors des réunions avec les professionnels, il a pu être observé la formation de « clans » au sein des équipes. Des désaccords ont pu être verbalisés autour de l'accompagnement au quotidien de tel ou tel résident. Par exemple, les questions diététiques peuvent servir de « prétextes » à ces conflits alors même que les bilans et les éléments du plan de soins sont clairement posés par la diététicienne.

[237] Compte tenu des éléments de diagnostic que nous avons posé, la mobilité spontanée d'un professionnel n'est pas courante sur l'établissement C. Elle peut être ainsi identifiée comme une « fuite » du collectif. Ces demandes peuvent constituer donc un « signal » pour l'équipe de direction.

[238] Ibid.

Nous verrons un peu plus tard dans la présentation de la démarche rénovée de projet d'accompagnement personnalisé que les « actants »[239] jouent un rôle important dans l'objectivation des situations que vivent les équipes. Ils deviennent des objets-frontière au sens du sociologue Mathieu Detechessahard[240] lorsqu'ils parviennent à mettre en relation des acteurs au sein du réseau et à leur permettre de visualiser la « production de sens à l'action ». Le document appelé « projet d'accompagnement personnalisé » est en cela un objet-frontière de la démarche rénovée de projet d'accompagnement personnalisé.

La problématique du « manque de flux » est au moins double pour l'équipe de direction de l'établissement C.

D'une part, elle porte sur des éléments du quotidien pour l'exercice professionnel des équipes. Nous avons vu que les éléments d'intéressement pour les professionnels touchent les conditions de travail et donc peuvent affecter les conditions d'exercice managérial de l'équipe de direction. Elles appartiennent au « temps court », celui de l'irritant et de l'épuisement programmé des encadrants.

D'autre part, ces effets touchent à plus long terme les pratiques professionnelles et la qualité de l'accompagnement des résidents. Elles sont également liées aux éléments d'intéressement des professionnels. Elles appartiennent au « temps long » et à la baisse de la qualité d'accompagnement au sein de l'établissement[241].

Ces problématiques sont en interrelation étroite dans une temporalité distincte. Elles font écho aux questions de qualité de vie au travail relatives à la santé, au contenu ou aux relations de travail. Bien que de temporalités distinctes, ces problématiques peuvent se nourrir et matérialiser des situations de mal-être pour les professionnels et pour les organisations à tout moment. La situation de conflit identifiée, par exemple, sur cette unité du secteur handicap est une conséquence de ce phénomène d'endogénéisation.

---

[239] Le lecteur pourra se référer à « Du dialogue de gestion au projet managérial ». L'actant est un élément du système concret qui est non-humain. Les indicateurs ou tout autre élément partageable au sein d'un système concret d'acteurs est un actant.

[240] Ibid.

[241] Nous avions vu dans le premier chapitre que la « maltraitance institutionnelle » pouvait être invoquée par certains professionnels pour qualifier ce phénomène.

« La dépendance solitaire » de l'encadrement de proximité

Le diagnostic posé sur le management et la gouvernance de l'équipe de direction a apporté un regard sur le positionnement de la fonction cadre. Nous avons vu que cette fonction de par l'historique de l'établissement et la situation conjoncturelle avait été positionnée dans une logique de proximité et de relais entre la direction et les professionnels.

Par trop étroites, leurs marges de manœuvre étroites mettaient en difficulté ces acteurs au sein du système d'action concret. La problématique constatée au travers du diagnostic était la légitimation de leur fonction en face du collectif. Cette situation pouvait se traduire par une propension à éviter le changement et produire le non alignement avec un « sommet » par trop éloigné des réalités de son quotidien.

Comme le souligne François Dupuy, « la dépendance solitaire »[242] des cadres de proximité et des responsables d'équipe demeure un mal endémique caractéristique des organisations « endogènes ». La solitude de la fonction d'encadrement se traduit par un sentiment d'abandon et d'incompréhension qui est à l'origine d'un mal-être au travail.

Les conditions de « survie » posent les bases d'une « alliance implicite » entre la base et le cadre de proximité. Les freins au changement relèvent de cette alliance. Si cette dernière est rompue, elle peut entrainer une rupture de l'équilibre d'exercice de la mission d'encadrement et fissurer également les relations entre les acteurs au sein du système d'action concret.

Le risque peut être donc grand pour les cadres et les responsables d'équipe puisqu'en changeant, ils devront s'intégrer dans une logique de management où le risque de « perdre gros » est présent.

Comprendre la position relative de l'encadrement dans le système d'action concret va permettre de nourrir la stratégie d'intéressement et de mieux répondre à la problématique.

Les travaux de Marcel Mauss[243] sur le mécanisme de la reconnaissance de l'autre par le don/contre-don peuvent proposer une piste de réflexion

---

[242] Ibid.

[243] MAUSS M., « Essai sur le don. Forme et raison de l'échange dans les sociétés archaïques », Année sociologique, 1923

comme nous l'avons vu dans la Partie I de « Du dialogue de gestion au projet managérial ».

La valorisation du travail collectif et individuel pour s'inscrire dans la problématisation doit être visible par tous.

C'est une piste qui a été posée dans le cadre de l'intéressement des professionnels. Par exemple, reconnaître la problématique du vieillissement, c'est reconnaître que les conditions de travail ont changé et qu'elles nécessitent des actions productrices de « sens » de la part des professionnels et surtout de la part de la direction.

C'est également une piste pour l'encadrement : le changement pourra faire l'objet d'une négociation « implicite » avec la direction.

Autrement dit, pour la direction, développer la démarche rénovée de projet d'accompagnement personnalisé, c'est créer l'opportunité de changer les pratiques professionnelles. Pour les professionnels, c'est accepter les conditions d'un changement de leurs pratiques professionnelles.

En posant les conditions d'une négociation et d'une « récompense » par la direction, il y a entente pour accepter un changement des pratiques professionnelles. Le « contre-don » est une reconnaissance de l'action productrice de « sens ». Comme nous l'avons détaillé précédemment, elle est au cœur de la stratégie d'intéressement et s'applique bien à l'ensemble du personnel.

Ainsi, comme nous le développerons un peu plus tard, le contre-don va prendre de nombreuses formes pour les professionnels et l'équipe de direction de l'établissement C. Avant tout, il témoigne de la volonté de la direction de reconnaître « dans le concret » les piliers fondamentaux du projet managérial tels que nous les avons présentés. En somme, il participe à alimenter la confiance entre les acteurs du système d'action concret.

Partager les bénéfices du changement parmi les acteurs du système d'action concret favorisera leur adhésion au projet. Elle répond également en cela à la stratégie d'intéressement auprès des professionnels. L'encadrant pourra ainsi développer plus sereinement des projets dans la mesure où ils ont des répercussions sur le quotidien de chaque agent et de son « collectif ».

Mais, surtout, la légitimité de l'encadrant ou du responsable d'équipe s'en trouvera d'autant plus renforcée auprès de ses équipes que le contexte sanitaire et médico-social n'a pas développé depuis plusieurs années une logique de « faire plus avec plus [de moyens] »[244].

En repositionnant la fonction d'encadrement dans les « circuits » de décision de l'établissement C, un signal important est envoyé pour les professionnels : L'équipe d'encadrement participe directement à la stratégie au côté de la direction.

Nous pouvons nous arrêter un instant sur le deuxième groupe du système d'action concret qui est partie prenante au principe d'horizontalité.

Les paramédicaux et les psychologues sont également parties prenantes de la reconfiguration de l'organisation et du cadre décisionnel. Outre la base d'intéressement dans l'exercice clinique au quotidien au sein du collectif, ils ont également un intérêt à « rééquilibrer » leur position au sein des secteurs en se rapprochant de la direction[245].

Comme nous allons le voir un peu plus tard, ils dessinent par leur présence et leur rôle de référence clinique une position de coordination implicite pour les équipes. Expliciter cette position charnière au sein des organisations, c'est une des conséquences de la démarche rénovée de projet d'accompagnement personnalisé[246].

La création d'équipes de coordination autour du cadre de proximité va constituer une opportunité supplémentaire pour ce deuxième groupe d'acteurs. Elle va leur permettre de se positionner différemment dans le système d'action concret et, par leur nouveau rôle, participer au pilotage des secteurs.

Une alliance va donc pouvoir se nouer entre l'équipe de direction et ce personnel de catégorie A qui était jusqu'à présent plutôt « tourné » vers le collectif pour les raisons que nous avons évoquées dans le diagnostic. Cette alliance va permettre de rompre la « dépendance solidaire » de l'encadrement de proximité et contribuer à enrichir l'approche sur la qualité de vie au travail.

---

[244] Le lecteur pourra se référer à la Partie I de « Du dialogue de gestion au projet managérial ».

[245] Il est à noter que ce « rééquilibrage » doit être perçu comme susceptible de bouger en fonction de l'intéressement et du rôle de la personne/fonction au sein d'un jeu d'alliance complexe.

[246] D'autres exemples sont développés un peu plus tard sur les nouvelles missions et fonctions à l'issue de la mise en œuvre de la démarche rénovée de projet d'accompagnement personnalisé.

L'équipe d'encadrement avec les équipes de coordination est actrice par la logique de don/contre-don à la promotion et la récompense des « actions productrices de sens » développées par les professionnels. Elle pilote de manière effective le secteur concerné en associant l'ensemble des professionnels. Elle permet à la direction de promouvoir la reconnaissance du travail accompli par les équipes et de faire naître les conditions du contre-don qui seront discutées par la direction avec les autorités de tutelle.

« Définir le cap et la boussole »

La réponse de l'établissement C à la problématisation issue des réunions de concertation menées sur le territoire constitue une opportunité pour l'équipe de direction. Adhérer à une orientation stratégique qui peut « rapporter gros » représente une base d'intéressement prometteuse pour les membres de l'équipe de direction. Elle sera d'autant plus lisible pour l'équipe de direction qu'elle s'inscrira dans un cadre managérial éco-responsable où la « valeur produite » sera redistribuée[247].

Le diagnostic posé sur le management et la gouvernance de l'équipe de direction avait mis en valeur la volonté de bien distinguer la stratégie de l'opérationnel avec d'un côté des fonctions de direction et d'encadrement supérieur et de l'autre des fonctions d'encadrement « de proximité » et de responsable d'équipe.

Nous pouvons retrouver le constat que nous avions posé pour l'établissement A ou B[248] avec une fonction de directeur « sacralisée » et « entourée d'un halo de mystères et d'inconnu ».

Le principe de « déhiérarchisation » que nous avions présentée dans la Partie I de « Du dialogue de gestion au projet managérial » s'inscrit pleinement dans la démarche rénovée de projet d'accompagnement personnalisé.

---

[247] Cette position de l'auteur va être explicitée dans le chapitre suivant sur le « *Renewed public management* ».

[248] Le lecteur pourra se référer à la Partie I de « Du dialogue de gestion au projet managérial ».

En posant une problématisation visible de tous, la fonction de direction lance le message « Voilà, vous savez ce qui pose des difficultés sur le territoire. Quelle est à présent notre réponse ? ». Il propose aux agents une invitation à s'intéresser à la problématisation. En cela, il répond au champ relatif au « management participatif et engagement » de la qualité de vie au travail telle qu'elle est représentée à l'annexe 1.

La direction a un intérêt à intégrer pleinement à ses côtés la fonction d'encadrement et de responsable d'équipe dans la problématisation car ces « fabricants de cohérence » vont jouer un rôle primordial dans la double communication qui va s'instaurer vers le haut et vers le bas.

En s'appuyant sur la fonction d'encadrement à la fois passeur et décodeur d'informations, le discours managérial est réhabilité puisqu'il peut prendre acte dans le « concret » des professionnels. Il en devient plus audible et plus lisible pour les acteurs. Il permet de redonner du « sens à l'action de tous » en assurant l'alignement vertical entre les tutelles, la direction et les agents. L'accompagnement des résidents est en lien avec la stratégie de l'établissement qui est lui-même aligné sur les orientations des schémas directeurs du territoire.

La démarche de projet d'accompagnement personnalisé va constituer cette courroie de transmission continue entre la stratégie de l'établissement C et l'activité au quotidien des professionnels. Elle réconcilie le temps long et le temps court. Elle va donner du sens à la fonction d'encadrement qui va s'inscrire dans le temps long de l'institution et dans le temps court des « irritants » et de la proximité.

Ainsi, introduire la démarche rénovée de projet d'accompagnement personnalisé, c'est accepter la participation de l'ensemble des agents à constituer une « boussole » commune pour orienter l'accompagnement des résidents. Dans une logique « vers le haut et vers le bas », c'est à la fois leur donner les moyens d'orienter le « cap » de l'établissement et de s'orienter par rapport à celui-ci.

Car c'est bien en se construisant sur « la primauté à celui qui fait » que la démarche rénovée de projet d'accompagnement personnalisé se fonde. Elle va mettre les agents en position d'acteurs du temps long et du temps court et leur permettre de nourrir la communication de « bas en haut » à destination de la direction. Cette dernière va pouvoir prendre en compte la « connaissance ordinaire » et l'expérience présente au sein de l'établissement C afin de poser et développer la stratégie.

Sur l'établissement C, informer les professionnels sur les orientations territoriales est devenu un thème majeur de la communication de l'équipe de direction. La pédagogie et les explications de ces orientations vont nourrir la communication « de haut en bas » à destination des professionnels. Elle favorise la compréhension de la stratégie par les agents et les associe à sa construction dans le cadre d'une communication à double sens.

En posant les bases d'un dialogue qui se nourrit des connaissances des uns et des autres, la direction favorise l'*empowerment* des professionnels.

La démarche rénovée de projet d'accompagnement personnalisé va constituer une opportunité pour l'ensemble des professionnels d'ouvrir « le champ des possibles » et de participer aux processus de décision au sein de l'établissement. Elle va préparer une reconfiguration de l'organisation et de son cadre décisionnel autour de l'encadrement et des responsables d'équipe. Elle va participer également des changements dans les modalités d'accompagnement des usagers au sein de l'établissement C.

En reconnaissant au travers de la démarche de projet d'accompagnement personnalisé que le modèle organisationnel devra s'adapter aux réalités concrètes du travail et aux enjeux de la problématisation, la direction accepte les principes fondamentaux d'une redéfinition de l'organisation au profit des agents et des usagers du territoire.

Elle renforcera ainsi la confiance, le sens et la reconnaissance au sein du système d'action concret de l'établissement C. En mettant en lumière « les éléments invisibles » de l'intéressement des trois catégories d'acteurs, elle pose des bases solides pour mettre en œuvre une approche transversale « projet » qui n'avait pas réussi depuis la fusion et la création de l'établissement C.

Mettre en situation de réussite les acteurs, c'est leur permettre de s'approprier pleinement le succès de la démarche et d'en partager les bénéfices. En posant les bases d'un management par la qualité de vie au travail, la démarche rénovée de projet d'accompagnement personnalisé pose également la question d'un *New public management* renouvelé, un « *Renewed* » *public management*.

Vers un « *Renewed* » *public management*

I. Management Agile et démarche rénovée de projet d'accompagnement personnalisé

A- MANAGEMENT AGILE ET LOGIQUE EFFECTUALE

Dans un environnement économique changeant, la pérennité et la performance de l'organisation demeure un enjeu pour le dirigeant et son équipe.

Le constat que les deux économistes, Henri Savall et Véronique Zardet, dressent sur la performance des entreprises peut être étendu à toute organisation y compris les établissements publics autonomes comme l'établissement C : « l'amélioration de la cohésion et celle de l'implication plus grande du personnel sont les leviers de l'accroissement des performances durables et de la capacité des entreprises à surmonter la crise. L'entreprise accumule les dysfonctionnements et les coûts cachés nés d'une interaction permanente entre les structures et les comportements humains, ce qui affecte la compétitivité, l'efficacité et la qualité du fonctionnement de l'entreprise »[249].

Le phénomène d'endogénéisation diagnostiqué précédemment est donc une menace pour l'établissement C car il détourne les interactions humaines au bénéfice du seul fonctionnement de l'organisation en faisant abstraction progressivement de sa raison d'être.

Jamais conscientisé par les acteurs, l'effacement de leur capacité à s'interroger et à s'adapter aux nouvelles conditions de leur environnement semble être en quelque sorte une fin « programmée » de l'organisation lorsqu'elle évolue dans un environnement changeant.

Le secteur médico-social fait partie de ce que l'on peut appeler un « environnement changeant » sous l'effet des contraintes politiques, économiques et surtout démographiques comme nous l'avions présenté

---

[249] SAVALL H. et ZARDET V., « Maîtriser les coûts et les performances cachés », Economica, 2010

dans les premiers chapitres de la Partie I de « Du dialogue de gestion au projet managérial ».

Accepter et faire accepter l'incertitude

Accepter l'environnement dans lequel l'organisation évolue, c'est accepter l'incertitude. C'est aussi s'autoriser à pouvoir penser qu'en matière de management, le chaos peut être positif pour les organisations.

Pourtant, reconnaitre la complexité demande de sortir d'un cadre d'enfermement fondée sur une logique causale où la « planification rigide, le choix d'objectifs toujours très ambitieux, le repérage d'étapes et les critères d'évaluation sont définis à l'avance »[250].

Poser le problème non pas en termes d'objectifs mais de moyens conduit à une inversion du paradigme pour les dirigeants qui se construit en rupture avec les impératifs du court terme : « décider sur une logique de moyens conduit à accepter d'emblée l'aléa des résultats obtenus et donc à n'être pas très sûr de la destination finale. A l'inverse, s'appuyer sur une logique réputée indiscutable rejette l'aléa dans le péché managérial »[251].

Comme l'exprime François Dupuy, « le raisonnement sur les moyens et donc sur la fixation des objectifs du possible n'est pas ce qui domine dans le monde du management. Il est perçu comme réducteur, contraignant et manquant d'ambition »[252]. Aussi, la qualité de la stratégie et de sa mise en œuvre dépend entièrement de « ce désir frénétique de clarté et de visibilité qui conduit à la multiplication des objectifs et des plans d'action dont la fonction première est d'assurer tout le monde que rien n'a pu échapper à un maillage aussi serré. Tout est prévu, couvert, géré. »[253]

---

[250] Ibid.

[251] Ibid.

[252] Ibid.

[253] Ibid.

Malheureusement, l'erreur se répète dans la mise en œuvre des décisions comme poursuit François Dupuy : « l'absence de prise en compte de la complexité dans laquelle les décisions doivent être mises en œuvre fait que l'on attend des individus qu'ils compensent ce déficit par leurs qualités personnelles »[254]. Les conclusions sont donc sans appel pour le sociologue qui constate dans ce processus « souffrance, découragement ou perte d'estime de soi »[255].

Faire confiance au réseau d'acteurs en définissant son cadre d'exercice relève d'une logique effectuale que nous avions présentée dans la Partie I de « Du dialogue de gestion au projet managérial ». A partir des travaux de la sociologue Saras Sarasvathy[256], nous avions souligné que la logique « effectuale » pose le principe de l'adaptation permanente à l'environnement. Elle pose comme hypothèse de départ que l'environnement est en constant changement ce qui, comme François Dupuy le soulignait, n'est pas spontanément intuitif pour les dirigeants et encadrants.

La philosophie du management « agile »[257] - qui repose sur la logique effectuale - met en avant l'intelligence collective et sa capacité à remettre en question continuellement les modes de fonctionnement de l'organisation. Elle définit ainsi le concept « d'organisation apprenante » qui replace au cœur du projet managérial le développement de l'individu puisqu'il « n'est pas sain qu'une personne soit réduite dans son travail à n'être qu'une tête ou qu'une paire de bras »[258].

La démarche rénovée de projet d'accompagnement personnalisé procède bien du management « agile » où l'incertitude fait partie du

---

[254] Ibid.

[255] Ibid.

[256] SARASVATHY S. D., Professeur américaine spécialiste de l'entrepreneuriat, a développé la théorie de l'effectuation dans « Effectuation : Elements of entrepreneurial expertise », 2009

[257] Sur le concept de management « agile », le lecteur se référera à la Partie I de « Du dialogue de gestion au projet managérial ».

[258] Ibid.

quotidien du professionnel puisque l'environnement de travail est fait de « pâte humaine »[259].

Un des effets de l'intelligence collective des acteurs dans le cadre de la démarche rénovée est bien de les amener à raisonner sur les moyens beaucoup plus que sur les fins. Le développement d'objets-frontières va « nourrir cette approche adaptative qui va favoriser la capacité à produire de l'analyse globale et à faire penser les professionnels ensemble autour de l'accompagnement d'un usager »[260]. Les moyens mis en œuvre et à développer feront partie de cette approche collective où les professionnels vont confronter « leur réalité ».

Sur l'établissement C, cette démarche rénovée de projet d'accompagnement personnalisé s'inscrit dans un nouveau cadre managérial.

Ce dernier s'appuie sur la démarche de dialogue de gestion où la présence d'actants est déjà bien développée pour les raisons que nous avions évoquées dans le diagnostic. C'est bien en polarisant les regards croisés avec les actants que le réseau d'acteurs va pouvoir produire de l'analyse globale. Cette « boîte noire » est laissée à l'initiative des acteurs dont le sentiment d'incertitude s'atténuera au fur et à mesure qu'ils se réapproprient de la visibilité et des marges de manœuvre.

En posant le principe d'incertitude comme constitutif du métier des professionnels soignants, la direction pose dans un cadre managérial éco-responsable les bases de pouvoir « se dire les choses » et de prendre des décisions qui, en apparence, pourraient être contraires à la culture du résultat promue par le *New public management* sur le secteur médico-social. Elle favorise « l'acceptation » de l'environnement sans remettre en cause la capacité d'action et d'exercice des professionnels.

Ainsi, lancer un changement de pratiques professionnelles, une réorganisation d'unité ou un projet d'animation thérapeutique pour un résident, ne peut pas être conditionné à un résultat absolu. La direction doit faire accepter aux professionnels le principe d'incertitude avec les conséquences associées. Un projet de réorganisation doit être adapté *in vivo* au fur et à mesure que le projet est réalisé dans le quotidien des

---

[259] Nous rappelons que les publics accueillis sur l'établissement C souffrent de pathologies évolutives dont les symptômes prédominants sont les troubles du comportement.

[260] Ibid.

agents. Il peut être également arrêté en cours de mise en œuvre voire abandonner. Cette logique itérative, constitutive du management agile, permet de faire évoluer la réflexion au quotidien et conforte la dynamique d'*empowerment* dans le temps. La démarche rénovée de projet d'accompagnement personnalisé intègre dans sa philosophie la notion d'incertitude en posant le cadre propice à développer la capacité d'action et d'innovation des professionnels.

Culture de l'innovation (et de cohérence) managériale

Comme le constate François Dupuy, la question de la cohérence se trouve posée pour les dirigeants d'organisation. Derrière cette question se trouve celle de l'acceptation de la réalité telle qu'elle est. Trop souvent déplore le sociologue français, les dirigeants en appellent implicitement à la psychologie des employés quand il s'agit de développer, par exemple, une culture de l'innovation au sein de leurs organisations.

La situation peut paraître paradoxale d'autant plus que ce changement de culture ou plutôt cette « transformation de la réalité »[261] s'impose aux dirigeants puisqu'il leur revient « la nécessité de dire clairement les comportements qu'il souhaite et surtout de créer les conditions qui les rendent effectifs »[262]. Le sociologue conclue aussi « que la culture de l'innovation, c'est à eux [les dirigeants] de la construire, de la rendre possible et effective par des décisions difficiles, car elles conduiront à renoncer à d'autres objectifs »[263].

Pour l'établissement C, la question de l'innovation se pose dans le cadre même de la démarche rénovée de projet d'accompagnement personnalisé. Les effets directs et indirects de cette « transformation de la réalité » (que nous allons illustrer un peu plus tard par des exemples) sont multiples.

---

[261] Ibid.

[262] Ibid.

[263] Ibid.

Faire accepter aux agents qu'un ou plusieurs projets puissent être proposés en réponse à une problématique d'accompagnement du résident constitue une des conséquences visibles de la démarche d'*empowerment* (et d'intéressement) des acteurs. Elle s'inscrit dans un cadre managérial où l'intéressement des acteurs doit favoriser cette expression comme nous l'avons vu précédemment.

C'est bien à partir des intentions du projet managérial et dans une optique de concilier intéressement et problématisation que le « champ des possibles » va pouvoir s'ouvrir pour les professionnels. Le « sens » et la reconnaissance donnés à ces comportements vont permettre de poser « les règles du jeu » et d'encourager puis de récompenser ces comportements.

La transformation de la culture va se promouvoir sur des éléments matériels ou non. Cependant, ils resteront bien tangibles pour l'organisation. En effet, la cohérence du projet managérial « discouru » et de la réalité vécue par les agents dans leur quotidien ne doivent faire qu'un.

« Libérer les énergies » peut ainsi rester un « leitmotiv » qui ne dépassera pas (au mieux) l'intention dans un discours managérial par trop accès sur ce qui doit être et non ce qui est. Aussi, faire évoluer les professionnels dans une logique d'intra-entrepreneuriat effectif permet de mettre en cohérence les matériaux du concret de la démarche de projet d'accompagnement personnalisé avec un discours managérial « raisonné ».

En organisant le « pouvoir et le vouloir » des professionnels, le directeur et son équipe contribuent aux changements profonds de la culture de l'organisation. C'est parce qu'elle s'inscrit dans le « temps long » et qu'elle ne peut pas être « associée avec une recherche à court terme d'une quelconque performance organisationnelle », que cette transformation culturelle pourra être pérenne.

« Théorie des petits pas » et Sprint

Comme nous l'avions étudié dans la Partie I de « Du dialogue de gestion au projet managérial », « pour rendre la démarche transparente, il faut la rendre concrète pour les équipes impliquées aussi tôt que possible »[264].

La « théorie des petits pas » est une réponse à cette question qui devra être abordée dans la réunion de lancement en exposant le calendrier prévisionnel et la méthodologie de travail pour les membres de l'équipe projet. Le champ des possibles étant ouvert pour les agents, le « voyage » reste incertain.

La possibilité de stopper la démarche rénovée doit être posée par la direction et constituer une option pour les professionnels de l'équipe projet. Par principe d'efficience organisationnelle, il est toujours préférable de stopper une démarche vouée à l'échec que de la laisser tourner à l'échec. Le diagnostic a révélé que les expériences de transformations de pratiques professionnelles menées sur l'établissement C sont présentes dans l'esprit des acteurs engagés dans la démarche rénovée. La phase d'avant-projet doit réduire le risque de réalisation de cette possibilité d'échec. Poser cette possibilité avec les membres de l'équipe projet, c'est accepter que les piliers fondamentaux de la confiance s'appliquent entre les membres de l'équipe projet et la direction.

La « théorie des petits pas » doit permettre de conforter le réseau d'acteurs dans les progrès réalisés. L'agilité doit prévaloir par rapport à la recherche de résultats ou de « productions ». Si nous faisons le parallèle avec les méthodes « agile » utilisées dans l'industrie informatique[265], les « petits pas » sont les *Sprint*.

---

[264] Ibid.

[265] Le lecteur pourra se référer au chapitre « Management agile et organisation adaptative » dans la Partie I de « Du dialogue de gestion au projet managérial ». Il convient de se rappeler que l'industrie informatique est une industrie de l'humain comme le secteur sanitaire et médico-social. Les ressources humaines représentent généralement au moins 80% des budgets des projets de développement applicatif.

Les *Sprint* peuvent être définis comme de courtes périodes durant lesquelles les équipes échangent activement, partagent leur travail[266] et concluent sur les résultats atteints et l'orientation générale du projet. Le questionnement est présent tout au long de la démarche projet en mode agile.

La remise en cause de l'orientation générale du projet est une possibilité réelle. L'organisation projet s'adapte, adapte les moyens à sa disposition et revisite les objectifs au fur et à mesure qu'elle progresse.

La méthode par les *Sprint* permet de poser les « garde-fous » d'une dérive de gestion de projet où « le cap et la boussole » n'orientent plus ou n'ont plus de « sens » pour les équipes.

Trop souvent, nous pouvons observer que les projets « à la dérive » sont nombreux dans les organisations sanitaires et médico-sociales et ils ne sont pas forcément « reliés » les uns aux autres pour les professionnels. Dans la Partie I de notre réflexion, cette dynamique projet sur l'établissement A était source de « perte de sens » et d'épuisement pour les agents.

Enfin, nous pouvons constater plus globalement que dans de nombreux projets « à la dérive », le manque de gouvernance et le phénomène d'endogénéisation sont prégnants.

La démarche rénovée de projet d'accompagnement personnalisé s'est largement inspirée de ces méthodes de progression itérative entre groupes d'acteurs sur des sujets à la fois complémentaires et spécifiques de la démarche d'ensemble. Elle prend tout son « sens » dans une approche pragmatique et de terrain qu'il convient d'étudier à présent.

---

[266] Le projet informatique est « fragmenté » entre plusieurs équipes de façon à le rendre plus « digérable ». Les équipes sont d'autant plus dynamiques que les *Sprint* sont de courte période (quelques jours parfois).

B- UNE DÉMARCHE RÉNOVÉE CENTRÉE SUR LE PRAGMATISME

« Le risque dans la démarche [de dialogue de gestion] est de rester sur le niveau du concept, voire du prototype et de ne jamais passer dans le concret. Le sentiment d'avoir « avancé », « positionné quelque chose » mais « de ne pas être allé au bout des choses » peut menacer la démarche dans son ensemble et la crédibilité du porteur du projet, à savoir la direction »[267].

Ce constat, nous l'avions posé sur la démarche de dialogue de gestion développée dans les établissements A et B, terrains d'étude de la Partie I de notre réflexion.

La démarche rénovée de projet d'accompagnement personnalisé est un « projet de transformation » des pratiques professionnelles au sein de l'établissement C.

Ce « projet de transformation » ne peut pas être considéré comme conventionnel au sens où il pourrait être mené dans un cadre méthodologique classique telle qu'il est présenté par certaines instituts[268]. Elle ne peut pas être confiée à un chef de projet sans avoir au préalable développer un environnement propice durant une phase dite d'avant-projet. Les facteurs de réussite de la démarche rénovée s'inscrivent dans cette phase et nous pouvons les rappeler brièvement.

L'approche a démarré par un diagnostic de l'établissement puis du projet d'accompagnement personnalisé. C'est un préambule pour poser la problématisation aux équipes. Les conclusions des réunions de concertation sur le territoire vont permettre de nourrir un peu plus les conclusions du diagnostic posées préalablement.

Le diagnostic va pouvoir se construire de manière solide à partir d'un cadre managérial où les piliers de la confiance se développent entre

---

[267] Ibid.

[268] Nous pensons, par exemple, aux méthodologies *Project Management Institute* (PMI) ou *Projects IN Controlled Environments*2 (PRINCE2).

l'équipe de direction et les professionnels. Les intentions du projet managérial se posent sans se poser.

En développant la stratégie d'intéressement et d'enrôlement, la direction continue d'identifier les facteurs de réussite pour rendre le changement pérenne dans le temps. Au moteur du changement s'ajoute progressivement le carburant.

Consultations et constitution de l'équipe projet « G20 »

Pour poser cette stratégie, les échanges et les consultations auprès des acteurs-clé du réseau d'acteurs demeurent indispensables. Car, comme le souligne le sociologue François Dupuy, « dès que l'on accepte de prendre ses décisions en fonction non seulement des nécessités, mais aussi des possibilités, on sort *de facto* de l'isolement »[269].

Dans le cas de la démarche rénovée de projet d'accompagnement personnalisé, ils sont une vingtaine de professionnels à s'être engagés volontairement[270]. Par commodité, nous appellerons ce groupe d'agents le « G20 ».

Choisis parce qu'ils ont exprimé un « intérêt » dans la démarche rénovée, ils présentent chacun la particularité de représenter une catégorie professionnelle, un site ou un secteur de l'établissement C. En cela, ils constituent une représentation du « corps social de l'institution » et traduisent *in concreto* le principe d'altérité défini par le cadre managérial éco-responsable. Ils permettent également aux membres du « G20 » de pouvoir s'appuyer au maximum sur la « connaissance ordinaire » existante au sein de l'établissement C.

Ainsi, nous retrouvons à proportion d'un tiers chacune des catégories d'agents A, B ou C dans le « G20 ».

---

[269] Ibid.

[270] Le volontariat est une « règle d'or » dans l'approche auprès des professionnels. Cependant, la direction a un rôle de « régulation ». Elle doit être en mesure de s'entourer des compétences les plus appropriées. Aussi, l'échange et la consultation avec les agents demeureront des éléments précieux pour constituer la meilleure équipe.

Dans les catégories A, nous avons les psychologues et les paramédicaux. L'équipe d'encadrement est représentée également. Ces professionnels constituent un tiers de l'ensemble des membres du « G20 ». Nous ne nous attardons pas plus sur cette catégorie d'acteurs qui avait fait l'objet d'une analyse dans le cadre du diagnostic sur l'appartenance au groupe. Ces professionnels vont avoir un rôle de « porteur » du projet.

Dans les catégories B et C, deux types d'acteurs sont présents dans le « G20 ». Ils ont une caractéristique particulière puisqu'ils vont constituer les futurs « transmetteurs » du changement au sein de l'établissement C. Nous parlerons de « contamination positive » lors du déploiement de la démarche rénovée.

Le premier type d'acteur sont les agents soignants qui représentent également un tier des membres du « G20 ». Ces professionnels ont été sélectionnés pour leur appétence à promouvoir le changement au sein de leurs unités et secteurs respectifs. Ils ont une maîtrise reconnue de la « connaissance ordinaire » de l'exercice professionnel soignant. Ils portent une légitimité au sein de leurs unités/secteurs. L'expérience et l'ancienneté des agents sont des caractéristiques qui fondent cette légitimité. Cette dernière doit être appréciée au regard du diagnostic sur « l'appartenance au groupe ». Leur capacité à exercer une fonction pédagogique auprès des autres professionnels fait partie également de leurs atouts pour être sélectionnés par l'équipe de direction.

Le second type d'acteurs des catégories B et C sont les fonctions « périphériques »[271] au soin. Ils vont représenter le troisième et dernier tiers du « G20 ». Ces professionnels sont en appui dans l'accompagnement soignant auprès du résident. Par exemple, les animatrices ou les éducateurs sportifs adaptés font partie de ces catégories de professionnels. Nous reviendrons un peu plus tard sur ces acteurs et leur « repositionnement » au sein de l'établissement à la suite de la mise en œuvre de la démarche rénovée de projet d'accompagnement personnalisé.

Pour la direction de l'établissement C, intégrer l'ensemble des professionnels présents dans l'accompagnement du résident est une démonstration concrète du principe d'altérité développé au travers du projet managérial.

---

[271] Il convient de bien distinguer fonction « support » et « périphérique ».

Avant de constituer le « G20 », les consultations avec l'ensemble des acteurs vont permettre de mieux comprendre « l'intéressement » qui peut leur être proposé et pour lequel ils seront prêts à se mobiliser. Ces consultations ne peuvent avoir lieu que dans un climat de confiance (et de confidentialité) propice à l'exposé de leur « vision des choses ».

Les échanges en direct avec les agents favoriseront également les jeux d'alliance entre les membres du « G20 » et la direction. Ces jeux sont à apprécier dans le temps par la direction. Ils ne peuvent pas être considérés par définition comme « statiques ». Autre principe du cadre managérial éco-responsable, le principe d'accessibilité est développé par la direction dans une écoute bienveillante tout au long de cette phase d'interactions au sein du réseau d'acteurs.

Lors des échanges individuels ou collectifs entre la direction et les professionnels, le principe de transparence doit se traduire *in concreto*. La problématisation, l'intéressement et l'enrôlement de chaque catégorie d'acteurs sont exposés. Ils doivent être lisibles pour chaque acteur[272] susceptible de s'inscrire dans la démarche rénovée de projet d'accompagnement personnalisé. « Dire ce que l'on fait et faire ce que l'on dit » est une base fondamentale pour que les acteurs puissent « s'enrôler » dans la démarche. C'est pour cette raison qu'elle va se traduire dans les matériaux du concret dès les premières étapes de gestion du projet.

La réunion de lancement est un rendez-vous important pour la direction puisque les objectifs et le cadre de la démarche rénovée vont être exposés à tous les membres du « G20 » dans les mêmes termes, au même moment et au même endroit.

La réunion de lancement du projet, une étape clé

Les éléments précédemment identifiés dans la phase d'avant-projet vont constituer les fondations sur lesquelles une méthodologie plus classique de gestion de projet va pouvoir se construire.

---

[272] Comme le souligne François Dupuy, il n'est pas nécessaire de s'arrêter sur l'intentionnalité des acteurs dans le cadre de ce type d'analyse.

Nous ne développerons pas les phases de la gestion de projet à proprement parler[273] mais nous nous arrêterons sur certains éléments qui nous paraissent clé dans une approche pragmatique menée « à petits pas »[274].

La réunion de lancement de la démarche rénovée de projet d'accompagnement personnalisé est le premier « rendez-vous » important entre la direction et les membres du « G20 »[275]. Elle permet d'exposer les objectifs et le cadre de la démarche à tous les membres du « G20 » présents. Ceci se fait dans un esprit de cohérence par rapport aux échanges et consultations antérieurs. Le contenu et la forme des informations sont transmises à tous les membres au même moment pour éviter tout biais dans la communication[276].

Ainsi, présenter les principaux éléments de l'état des lieux du projet d'accompagnement personnalisé, positionner la problématisation et mettre en perspective l'intéressement des catégories d'acteurs sont les objectifs principaux de cette réunion. Il ne s'agit pas de dévoiler des éléments confidentiels sur les intentionnalités explicites ou implicites de tel ou tel acteurs mais plutôt d'exposer le « pourquoi ? » et le « pour quoi ? » de la démarche rénovée.

En s'appuyant sur les consultations et les échanges réalisés dans la phase d'avant-projet, la direction ne révèle pratiquement rien de nouveau aux acteurs présents. Elle fait preuve de transparence et inscrit la démarche rénovée dans un cadre managérial « qui se pose sans se poser ». Comme le souligne le sociologue François Dupuy, « la collecte et l'analyse des données qui conduisent à une décision s'effectuent à partir d'entretiens réalisés auprès d'acteurs concernés. Le résultat de ce travail, s'il leur est communiqué, permet de s'assurer que tous les acteurs partagent la même

---

[273] De nombreux ouvrages sont disponibles sur cette thématique.

[274] Nous rappelons qu'une approche à « petits pas » ne signifie ni lente ni prudente. L'évaluation du projet est « continue » et productive dans ses itérations de réflexion par les équipes et la gouvernance Pour continuer l'analogie avec les méthodes Agile, les *Sprint* sont des périodes courtes mais dynamiques.

[275] Le groupe « G20 » est officiellement constitué lors de cette réunion de lancement

[276] Pour assurer un présentéisme élevé lors des réunions institutionnelles, les agents doivent être positionnés sur des temps de travail ou doivent récupérer des dépassements horaires.

compréhension de la nature réelle et profonde du problème. Cela nécessite, de la part du dirigeant, le courage nécessaire au partage »[277].

Pour l'établissement C, la démarche rénovée de projet d'accompagnement personnalisé ne constitue pas une « innovation » et encore moins une « révolution ». Elle part d'un « existant » (dont le diagnostic a révélé ses limites) pour viser un « futur » (inconnu). C'est tout autant le contenu que le cadre dans lequel va s'exercer la démarche rénovée qui est important pour les acteurs. La « boite noire » n'est pas définie et appartient au champ des possibles du réseau d'acteurs. Elle est en tant que telle productrice d'innovations par les professionnels.

Travailler le contenu du projet d'accompagnement personnalisé de manière itérative permettra de redonner les « matériaux du concret » aux acteurs afin qu'ils puissent s'en saisir et le pratiquer dans un cadre managérial renouvelé. Comme nous allons le voir, cette approche permet de repositionner le « sens à l'action » des agents dans une démarche rénovée qui pourrait être - à première vue – perçue comme abstraite pour les professionnels « du terrain ».

Les éléments de communication utilisés par la direction lors de la réunion de lancement doivent également passer par les « passeurs et décodeurs » d'information que sont les encadrants. Comme nous l'avons déjà vu, les cadres de proximité ont cette mission d'informations auprès des équipes de professionnels n'ayant pas pu participer à la réunion avec le « G20 ».

Affirmer les objectifs de la démarche rénovée en lien avec les intentions du projet managérial, c'est réaffirmer le principe de transparence et promouvoir l'*empowerment* des équipes au travers de la contribution des membres du « G20 ».

La transformation de l'outil déjà existant (le projet d'accompagnement personnalisé) en un processus autorégulé (la démarche rénovée de projet d'accompagnement personnalisé) dans un cadre décisionnel et managérial établi procède de la démarche même de gestion du changement et du « sens » qui lui est donné.

Le diagnostic posé sur la démarche en vigueur sur l'établissement C a mis en exergue l'intérêt de s'appuyer sur le projet d'accompagnement

---

[277] Ibid.

personnalisé en tant qu'« actant » pour transformer les pratiques professionnelles et répondre à la problématisation. Cette approche peut être développée à présent.

C- CONSTRUCTION ET APPROPRIATION DE L'OBJET-FRONTIERE

En travaillant de manière itérative les « matériaux du concret », les membres du « G20 » s'inscrivent dans une dynamique de légitimation de la démarche rénovée de projet d'accompagnement personnalisé. Le document appelé « projet d'accompagnement personnalisé » est un actant au sens défini par la théorie de l'acteur-réseau.

Nous rappelons que l'actant est un élément non-humain favorisant la relation entre les acteurs au sein du réseau. De manière schématique, il devient un objet-frontière lorsqu'il permet aux acteurs de se mettre en relation et d'échanger entre eux sur la problématisation en vue de trouver des solutions. Sa transformation d'actant en objet-frontière est donc une étape essentielle dans la démarche rénovée de projet d'accompagnement personnalisé.

De l'actant à l'objet-frontière

Dans le cas de la démarche rénovée de projet d'accompagnement personnalisé, le document de synthèse va passer du statut « d'actant » à celui « d'objet-frontière » dans la phase de construction. L'appropriation par les agents de la nouvelle version du document projet d'accompagnement personnalisé fait partie du processus de construction de la démarche rénovée.

Nous pouvons à ce stade nous arrêter quelques instants sur la nouvelle version du document. Initialement conçu pour répondre à un cadre règlementaire, le projet d'accompagnement personnalisé est un document constitué de plusieurs parties. Le professionnel y trouve notamment l'histoire de vie du résident et les plans de soins, d'aides et d'accompagnement[278].

Sans détailler plus le document, nous pouvons indiquer qu'il est conséquent et se compose de plusieurs pages. Son actualisation demande

---

[278] Le lecteur pourra se référer au modèle de plan personnalisé de coordination en santé publié en juillet 2019 par la HAS.

aux équipes un temps significatif pour le compléter[279]. L'état des lieux sur la démarche faisait ressortir un désengagement des professionnels à « faire vivre » le document en lien avec l'évolution de la prise en charge du résident au quotidien.

La nouvelle version qui va être construite itérativement puis testée par les membres du « G20 » se veut plus opérationnelle. Elle est plus simple et plus intuitive pour les agents. En complément du document « socle » constitué initialement [280], la nouvelle version prévoit une fiche de synthèse avec les problématiques identifiées par le référent-résident, les objectifs[281] et les ressources pour les atteindre dans un calendrier donné. Sauf changement majeur[282], seule la fiche de synthèse est réactualisée par les professionnels au cours de l'année. Cette mise à jour est conduite en fonction des évaluations constatées sur les problématiques-objectifs-ressources et le délai indiqué dans le calendrier.

Plusieurs constats se font pour les membres du « G20 » dans cette phase de construction itérative de la démarche rénovée et de l'objet-frontière.

Tout d'abord, l'approche orientée « projet » (problème-solutions-moyens) renverse la logique règlementaire et statique. Elle agit dynamiquement sur le contenu et crée une démarche itérative de questionnement et d'évaluations entre les acteurs. Ce constat se note dès la phase d'élaboration de la fiche de synthèse même si, à ce stade du projet, le contenu reste généraliste[283]. Comme nous l'avions étudié dans la Partie I de notre réflexion, la construction d'un objet-frontière est constitutive d'une démarche de dialogue entre les acteurs.

---

[279] Le facteur temps est une contrainte importante pour la mise en œuvre de la démarche rénovée. Demander de suivre de manière infra-annuelle les projets d'accompagnement personnalisé dans leur ancienne version est une impossibilité « matérielle » pour les équipes.

[280] Suivant les recommandations de la HAS, la première version se fait durant le premier semestre suivant l'entrée du résident. Elle consigne notamment des éléments « immuables » comme le parcours de vie du résident avant son entrée dans l'institution.

[281] La recommandation de la démarche rénovée est de limiter à trois objectifs la fiche de synthèse du projet d'accompagnement personnalisé.

[282] Le document « socle » sera mis à jour suite à un changement d'unité, de traitement médicamenteux ou d'évènements majeurs du parcours de vie de l'usager.

[283] Ce n'est que dans la phase test que le contenu sera associé à un résident.

Second constat, cette dynamique d'équipe fait repenser la fréquence d'échanges[284] entre ses membres et les espaces de discussion associés. Elle permet aux équipes de s'inscrire dans un horizon temps plus court que celui de l'existant qui était renouvelé tous les ans. En positionnant des objectifs infra-annuels (3 à 6 mois), elle est en ligne avec la démarche « Définir, mesurer, analyser, améliorer et contrôler » (DMAAC) que nous avions introduite dans la Partie I de notre réflexion. En tant qu'élément de la démarche de dialogue de gestion, l'interaction entre les membres des équipes pluridisciplinaires permet d'être un point d'appui pour le référent-résident dans le pilotage du projet du résident[285]. Elle permet à la démarche rénovée de prendre corps dans ces échanges autour de l'accompagnement du résident.

Une réflexion itérative documentée donne encore plus de « sens » à la démarche rénovée. Elle réconcilie le temps « court » du professionnel et le temps « long » de l'institution. Elle est une courroie de transmission entre les objets-frontière et les espaces de discussion du court terme (transmissions journalières ou réunion hebdomadaire d'équipe) et ceux du moyen/long terme (projet de service ou projet de réorganisation). Elle s'inscrit comme une réponse collective construite collectivement pour répondre à la problématisation posée par la direction en lien avec les constats réalisés sur le territoire. En cela, elle transforme l'actant en objet-frontière. Elle répond également à la demande de reconnaissance et de « sens à l'action » souhaitée par les professionnels.

Enfin, la construction par itération de l'objet-frontière révèle des domaines sur lesquels les besoins en accompagnement des professionnels se sont précisés pour la direction. Ces besoins doivent se penser sous la forme de formations aux nouvelles pratiques professionnelles comme nous le verrons dans les exemples un peu plus tard.

Cette phase de transformation de l'actant en objet-frontière permet de projeter les équipes du « G20 » dans l'exercice quotidien de leur mission

---

[284] La planification des revues de projet d'accompagnement personnalisé a entraîné des « ajustements » organisationnels pour permettre aux équipes de libérer un temps de réunion de préparation et de partage.

[285] Les incidences de la démarche rénovée ont été majeures sur cette fonction. Nous les développerons un peu plus tard.

de référent-résident. Elle est importante pour les professionnels puisqu'elle leur permet de « matérialiser » le processus de changement au sein du réseau d'acteurs et de construire *in concreto* la démarche rénovée de projet d'accompagnement personnalisé. En schématisant, nous pourrions dire que le travail sur l'actant n'est que « prétexte » pour créer cette interaction entre les professionnels. Fondamentalement, le contenu de l'objet-frontière est structurant mais ne doit pas être confondu avec la démarche même.

De l'objet-frontière à la démarche rénovée de projet d'accompagnement personnalisé

La transformation de « l'actant » en objet-frontière fait partie de la construction du processus de changement de pratiques professionnelles liées au projet d'accompagnement personnalisé. D'un point de vue méthodologique, cette étape est antérieure à la phase test de la démarche rénovée.

Dans la phase de test, les membres du « G20 » vont progressivement s'approprier la démarche rénovée construite autour de l'objet-frontière.

Dans cette phase, la démarche rénovée prend de plus en plus corps au travers des échanges entre les professionnels autour de l'objet-frontière avec des éléments issus du « réel ». Chaque référent-résident du « G20 » se saisit des données relatives au résident qu'il accompagne et engage la démarche avec l'appui des autres membres du « G20 ». L'objet-frontière n'est plus qu'un prétexte, un catalyseur d'idées et d'argumentations ouvertes entre les agents autour de la prise en charge du résident.

Comme nous l'avions présenté dans la Partie I de « Du dialogue de gestion au projet managérial », l'objet-frontière suscite des questionnements qui nécessitent des analyses « *ad-hoc* » pour préciser la problématique, l'objectif ou l'action. L'état des lieux avait souligné que de nombreux actants étaient présents mais que ces éléments d'information n'étaient pas suffisamment partagés entre les professionnels. Les bilans des paramédicaux ou des psychologues en sont un exemple. Dans la démarche, ils sont réintroduits dans la connaissance ordinaire et le projet d'accompagnement personnalisé. Ils reprennent du « sens » pour l'action au quotidien des professionnels.

Comme pour la construction de l'objet-frontière, le cadre du processus d'interaction entre les équipes n'est pas posé par l'équipe de direction.

La méthodologie et le « rendu » du processus sont exposés mais l'approche est présentée par l'équipe de direction plus comme un conseil que comme une injonction ou un protocole institutionnel.

La phase de test permet donc aux référents-résidents du « G20 » de prendre des matériaux du concret pour les introduire dans le nouveau processus d'interaction. Chaque référent va partager la connaissance ordinaire qu'il a acquise auprès du (ou des résidents) dont il a la responsabilité pour construire avec le reste de l'équipe l'objet-frontière nécessaire au pilotage de la démarche rénovée de projet d'accompagnement personnalisé.

Le test de l'objet-frontière et de la logique qui y a conduit est *in vivo* puisqu'il y a restitution aux autres membres du « G20 ». Les conclusions de ce processus d'apprentissage permettent de continuer à nourrir un processus de type DMAAC. Grâce à des regards croisés entre professionnels de secteurs et de catégories différents, le processus permet de faire progresser l'expérience réelle avec pour objectif final le changement.

Les membres du « G20 » sont expérimentateurs et acteurs de la démarche rénovée. Ils vont pouvoir partager leur expérience auprès des professionnels qui ne sont pas dans le « G20 ». Cette « transmission » va se dérouler tout au long de la mise en œuvre de la phase de test puis ensuite lors de la phase de déploiement.

En partageant leur expérience sur des temps informels ou formels, ils participent activement à la communication sur la démarche rénovée et ils préparent les autres professionnels à la phase de déploiement. Transmetteur d'un vécu, les membres du « G20 » se posent également dans une logique d'intéressement et de reconnaissance de la part de leurs pairs. Ils s'enrôlent progressivement dans une position de tuteur auprès des professionnels qui vont découvrir la démarche rénovée. Ce processus de transmission est également soutenu par les « porteurs » de la démarche rénovée, à savoir les psychologues et les paramédicaux.

Comme nous l'avions évoqué, la phase de test permet d'identifier les difficultés exprimées ou non par les professionnels dans l'exercice de leur mission. L'application dans le concret et le vécu de l'agent permet de mesurer l'écart entre la théorie et la pratique de la démarche rénovée. Le processus itératif aide à réduire l'écart pour les professionnels.

Les sujets qui demandent une attention personnalisée pour l'équipe de direction peuvent être du domaine du savoir-faire ou du savoir-être. Ils ont un écho dans les processus de management et de ressources humaines de l'établissement comme nous le verrons plus tard.

La démarche rénovée de projet d'accompagnement personnalisé a, par exemple, mis en exergue un besoin réel pour les professionnels de pouvoir distinguer et organiser les éléments appartenant à la problématique, l'objectif et l'action. Cet exercice n'est pas sans conséquence sur l'efficience de la démarche auprès d'un résident. D'autres sujets ont été identifiés comme, par exemple, la priorisation des objectifs ou le calendrier des actions mises en place.

L'ensemble de ces points d'amélioration identifiées par les membres du « G20 » doivent nourrir la formation qui va être dispensée à l'ensemble des référents-résidents. Le plan de formation institutionnel va intégrer la formation à la démarche rénovée de projet d'accompagnement personnalisé. Les membres du « G20 » vont construire le support de formation avec la fonction qualité en charge du pilotage de la démarche rénovée. Chaque session de formation sera réalisée en binôme par un membre du « G20 » avec la fonction qualité. Une douzaine de sessions de formation seront planifiées sur 24 mois[286]. Une session type regroupe 10 à 15 référents-résidents.

L'approche par « cercles concentriques » que nous avions développée dans la Partie I de notre réflexion va être considérée dans le choix des participants aux premières sessions de formation. Cette question doit se poser bien avant de les organiser. La stratégie d'intéressement permettra d'apporter une réponse sur cette question car si tous les référents-résidents sont concernés par la démarche rénovée, tous n'ont pas la même nécessité et les mêmes enjeux à la mettre en œuvre.

La priorisation doit être posée par l'équipe de direction le plus tôt possible avec la stratégie d'intéressement. Plusieurs angles d'analyse peuvent permettre d'aider l'équipe de direction à conduire cet exercice. Nous pouvons les étudier à présent.

---

[286] La crise sanitaire exceptionnelle ralentira légèrement le programme initial. Après 18 mois, près de 85% des professionnels concernés avaient été formés.

Pour déployer la démarche rénovée à l'ensemble des professionnels de l'établissement C, l'approche par « cercles concentriques » va être favorisée. Elle part du principe d'une « contamination » positive et progressive au changement de l'ensemble des professionnels.

La formation va favoriser « l'inoculation » des nouvelles pratiques au travers de la douzaine de sessions qui seront organisées sur l'établissement C.

En inscrivant la démarche rénovée de projet d'accompagnement personnalisé au plan de formation institutionnel[287], la direction affirme sa volonté de diffuser le changement sur tout l'établissement. Il y a validation par la direction du travail réalisé par les membres du « G20 ». Le déploiement de la démarche rénovée est en quelque sorte officiellement acté pour l'ensemble des professionnels. La démarche rénovée de projet d'accompagnement personnalisé s'inscrit donc dans le temps institutionnel.

La priorisation des professionnels participant aux sessions de formation doit être posée le plus tôt possible par la direction en lien étroit avec les « passeurs/décodeurs » d'informations composant l'équipe de direction.

En effet, il convient de garder à l'esprit que le dernier référent-résident formé le sera longtemps après le premier et que les effets des premières contaminations doivent porter leur fruit dans la continuité pour garantir une adhésion progressive sur l'ensemble des professionnels.

Nous pouvons à présent nous arrêter sur plusieurs angles d'analyse qui vont permettre de mesurer l'importance de développer une « contamination » positive et progressive dans le temps.

Tout d'abord, le plan de formation concernant la démarche rénovée de projet d'accompagnement personnalisé va se déployer sur plusieurs années compte tenu du nombre de professionnels concernés. De fait, pour que la contamination soit positive et « porte ses fruits » le plus tôt

---

[287] Lors de la commission de formation, le plan de formation est présenté aux représentants du personnel de l'établissement et fait l'objet d'un échange sur les orientations prises par la direction.

possible, il convient de s'appuyer sur les professionnels les plus à même à porter le changement.

Le volontariat doit être mis en avant et les entretiens individuels menés par la cadre de proximité avec les agents permettront de détecter l'expression d'un souhait de la part des agents. Les passeurs/décodeurs de l'information ont tout au long des phases d'avant-projet et de projet un rôle important pour constituer les groupes des premières sessions de formation. Identifier les professionnels qui seront les premiers à être contaminés et à porter la démarche au-delà du « G20 » est un facteur de réussite dans le déploiement de la démarche dans son ensemble.

Distinguer le « nécessaire de l'utile », c'est aussi prioriser la « contamination » autour du principe « les bonnes compétences, au bon endroit, au bon moment ». En d'autres termes, monter en compétences sur la démarche rénovée de projet d'accompagnement personnalisé pour certains référents-résidents peut apparaître comme une nécessité au regard de la complexité de l'accompagnement dont ils ont la charge.

Les priorisations pourront prendre en compte de multiples éléments qui doivent être identifiés à partir des réunions de transmission ou d'équipe. Nous pouvons citer, par exemple, la gestion du parcours d'un résident vers un autre secteur ou une autre unité, les difficultés rencontrées par une équipe dans l'accompagnement d'un résident avec des troubles du comportement ou une situation de conflit entre résidents.

Reposer un cadre de réflexion interprofessionnel objectif et factuel, c'est permettre aux acteurs de « discuter du fond avec suffisamment de transparence – sans naïveté – pour éviter les interminables discussions sur les anecdotes et les procès d'intention »[288]. C'est le rôle de l'équipe de direction de reposer les conditions d'un exercice professionnel serein. La démarche répond en cela aux constats réalisés au travers du diagnostic sur l'esprit d'appartenance au groupe et la gouvernance de l'équipe de direction. Elle répond également à une démarche sur la qualité de vie au travail.

Les prétextes pour réintroduire la démarche rénovée de projet d'accompagnement personnalisé peuvent être nombreux au quotidien. Ils sont autant d'opportunités pour intégrer la démarche rénovée dans la réalité de l'exercice métier des professionnels et permettre à

---

[288] Ibid.

l'établissement de « maintenir le cap à l'aide de cette boussole » qu'est la démarche de projet d'accompagnement personnalisé.

Les situations complexes peuvent tendre à accélérer le processus d'adhésion des professionnels à la démarche rénovée. Parfois, il peut aussi arriver que la diffusion ne soit plus aussi « contrôlée » qu'elle ne l'a été envisagée initialement. Certains professionnels peuvent juger que la situation à laquelle ils sont confrontés justifie d'engager la démarche rénovée sans avoir pu être formés. C'est la réalité et l'imprévu qui rattrape la planification…

Le management Agile doit favoriser ces prises d'initiatives qui devront être détectées par l'équipe de direction et de coordination de site. Elles doivent être accompagnées par un membre du « G20 ». Le tutorat[289] sont des moyens pour canaliser l'énergie et la rendre plus efficace encore. Les membres du « G20 » jouent ainsi pleinement leur rôle en conseillant et accompagnant spécifiquement le référent-résident dans la mise en place de son projet d'accompagnement personnalisé dans le cadre de la démarche rénovée.

Enfin, il convient de rappeler que les progrès réalisés par les professionnels doivent faire l'objet d'un processus de reconnaissance de type don/contre-don que nous avions décrit dans la Partie I de notre réflexion. L'équipe de direction aura à cœur d'évaluer régulièrement les progrès tant quantitatifs que qualitatifs réalisés par les professionnels. Cette évaluation sera communiquée aux membres du « G20 » dans une logique d'amélioration continue du soutien réalisé auprès des professionnels.

La question de la reconnaissance est un point important que nous avions développé dans la stratégie d'intéressement et sur lequel le processus d'adhésion des agents à la démarche rénovée va continuer de s'appuyer pour se développer.

Les cadres et responsables d'équipes en tant que « passeurs/décodeurs » de l'information ont (une fois de plus) un rôle important pour reconnaître le travail accompli et les réalisations des équipes.

La démarche rénovée se révèle être ainsi un élément d'expression tangible du projet managérial de l'établissement C. Il convient à présent d'étudier les éléments du concret constatés par les professionnels à

---

[289] Pour continuer sur l'analogie médicale, nous pourrions parler de « pair-aidance ».

l'issue de la construction et de la mise en œuvre de la démarche rénovée de projet d'accompagnement personnalisé.

II. Management Agile et démarche rénovée de projet d'accompagnement personnalisé

A- « LE VOYAGE PRIME SUR LA DESTINATION »

Dans la trilogie « *Lost in Management* », le sociologue François Dupuy nous précise que « décider sur une logique de moyens conduit à accepter d'emblée l'aléa des résultats obtenus et donc à n'être pas très sûr de la destination finale »[290]. Le voyage pourrait donc primer sur la destination selon le sociologue. Il renchérit en précisant que « l'aléa suppose que le processus conduisant à la décision et dictant la mise en œuvre fasse apparaître des opportunités »[291].

Si nous reprenons ces critères pour les appliquer à l'évaluation de la démarche rénovée de projet d'accompagnement personnalisé, nous ne pourrons pas le faire par rapport aux résultats initiaux prévus mais plutôt par rapport à ceux réellement obtenus.

En d'autres termes, la complexité de l'environnement dans lequel les décisions se prennent ne peut être éludées par les directeurs. Le facteur aléa doit reconditionner les attentes et les méthodes de mise en œuvre des « projets de transformation ». Nous avons pu le constater dans la phase de déploiement de la démarche rénovée de projet d'accompagnement personnalisé.

Afin de pouvoir illustrer le constat du sociologue des organisations, nous allons pouvoir présenter à présent les effets directs et indirects de la démarche rénovée sur les acteurs et l'établissement C.

Plusieurs missions ont pu émerger à travers la démarche rénovée de projet d'accompagnement personnalisé. Elles ont dessiné de nouvelles fonctions ou ajusté des périmètres fonctionnels existants pour plusieurs catégories de professionnels.

---

[290] Ibid.

[291] Ibid.

Tout d'abord, nous pouvons nous arrêter sur la mission de référent-résident qui concerne une très grande proportion de professionnels du soin.

Repenser la mission de référent-résident

En positionnant le référent-résident comme un « chef » de projet d'accompagnement personnalisé, la démarche rénovée permet d'affirmer le projet managérial défini pour l'établissement C. Il favorise le développement d'un cadre managérial où l'organisation et le partage de la connaissance ordinaire fait « sens » pour les professionnels.

Concrètement, le repositionnement de la mission du référent-résident a pris corps non seulement dans l'organisation mais également dans la structure à travers la formalisation de la fonction. Ce repositionnement est illustré par le schéma en annexe 2.

D'un point de vue de l'organisation, le référent-résident est porteur d'initiatives dans le cadre de sa mission.

Il peut solliciter, par exemple, les compétences expertes, comme les psychologues ou les professionnels de l'animation, pour mener à bien les objectifs définis dans le projet d'accompagnement personnalisé du résident. Le paradigme s'inverse (ou plutôt se rééquilibre) au sein de l'établissement C. Le « sachant » n'est plus le seul à « penser » quand il faut intervenir auprès du résident. Connaissance ordinaire et savoir technique cohabitent finalement pour mettre en œuvre du « sens à l'action » visible et reconnue de tous.

Le référent-résident peut également solliciter des besoins complémentaires en matériel[292] pour faciliter l'accompagnement ou proposer, par exemple, avec le soutien de l'équipe technique, des travaux de réagencement au sein de l'unité du résident.

---

[292] Le déploiement de rails de transfert est un exemple sur l'établissement C qui a été équipé à plus 80% (hors foyer de vie). D'autres initiatives plus innovantes ont pu apparaître comme le phoque Paro, les dispositifs *Tovertafel* ou *Bliss* ou encore les poupées d'empathie.

Enfin, afin de pouvoir répondre à des besoins d'accompagnement spécifiques, il peut proposer des initiatives à l'équipe d'animation.

Du point de vue de la structure, les membres du « G20 » ont proposé la réécriture de la fiche de poste afin de formaliser le rôle et les missions du référent-résident. Cette proposition a permis de poser les enjeux du poste et la reconnaissance de son importance pour l'institution.

Pour la direction, revoir les processus de décision a fait partie également de l'adaptation organisationnelle liée à la fonction du référent-résident. Initialement centrés autour d'une logique de gestion et de contrôle centralisé par la direction, les processus de décision se sont élargis pour intégrer les regards croisés et la connaissance ordinaire des professionnels.

Que cela soit le plan d'investissement ou la programmation travaux, les demandes issues du « terrain » sont « remontées » puis consolidées par l'équipe d'encadrement et la direction. Les sollicitations argumentées des agents ont très largement obtenu « gain de cause » au sein de l'établissement C[293]. Les décisions qui n'aboutissent pas font l'objet d'un retour argumenté auprès des agents des services concernés.

Organiser les propositions faites par les professionnels du terrain et reconnaître leur pertinence, c'est tout simplement accepter que la maîtrise de la connaissance ordinaire puisse trouver une place dans les processus décisionnels. C'est également accepter la logique de don/contre-don qui favorise l'*empowerment* et l'intéressement des professionnels.

Les équipes de coordination de site

A présent, nous pouvons nous attarder sur les professionnels de Catégorie A. Dans le prolongement de leur rôle au sein du « G20 », les professionnels paramédicaux et psychologues se sont repositionnés au

---

[293] Les projets en innovation technologique ou sociale sont des exemples de réalisations sur l'établissement C. Les agents peuvent ainsi participer de la mise en relation de l'établissement C à « l'écosystème » territorial (associations, artistes musicaux ou compagnie de théâtre, entreprises ou start-up dans la réalité virtuelle etc.). C'est un élément du diagnostic posé sur le territoire de l'établissement C.

sein de l'établissement avec la démarche rénovée de projet d'accompagnement personnalisé.

En effet, ils ont réussi à la fois à affirmer leur fonction de clinicien et à développer leur mission de coordinateur au sein de l'établissement C.

En tant que cliniciens, leurs missions sont plus lisibles et mieux acceptées par les équipes soignantes (« le collectif »). Pour certains d'entre eux, le rôle d'expert en appui du référent-résident se substitue à celui (perçu) de « contrôleur » des pratiques professionnelles.

Leurs « productions » trouvent d'autant plus de « sens » que les référents-résidents sollicitent leurs interventions auprès des résidents. Leur contribution est, de fait, intégrée plus facilement dans le partage de la connaissance ordinaire. Elle fait écho aux transmissions ciblées réalisées par les professionnels soignants à destination des paramédicaux ou des psychologues pour leur notifier un changement de comportement ou une difficulté apparente chez un résident.

En tant que coordinateurs, leur mission prend tout son « sens » en tant que relai essentiel entre les équipes soignantes d'une part, et le cadre de proximité et la direction d'autre part. Chaque paramédical et psychologue a une « référence » définie au sein de chaque secteur. Ainsi, une infirmière peut être en charge du dispositif d'accueil temporaire ou d'une unité sur le secteur concerné.

A ce titre, chaque référent d'unité coordonne l'équipe et l'assiste sur les problématiques du quotidien. Les agents peuvent interpeller les référents d'unité pour des sujets qui seront discutés ultérieurement avec la cadre de proximité du secteur. Les référents d'unité sont également force de propositions pour le cadre de proximité et l'équipe soignante. Les bilans ou les évaluations peuvent être également des éléments d'appui pour relayer des demandes de l'équipe soignante auprès de l'équipe de direction.

Du point de vue de la structure, les paramédicaux et les psychologues sont officiellement positionnés dans une équipe de coordination de site identifiée sur l'organigramme de l'établissement C. Tout comme les référents, les membres de l'équipe de coordination de site ont travaillé sur la rédaction de la fiche de poste afin de préciser les rôles et responsabilités de leur mission.

Ils ont ainsi pu rendre « visible l'invisible ». En effet, une large partie de leurs missions était déjà intégrée dans leur quotidien sans que cela soit reconnu par l'établissement. Cette équipe est rattachée à la cadre de proximité du secteur. Cette décision permet de faire écho au diagnostic réalisé sur la gouvernance de l'équipe de direction.

Tant du point de vue de l'organisation que de la structure, le repositionnement des psychologues et paramédicaux matérialise le principe de « déhiérarchisation » que nous avions développé dans la Partie I de « Du dialogue de gestion au projet managérial ».

L'enjeu est de rendre concret un cadre managérial plus participatif entre le cadre de proximité et équipe de coordination de site. Par ailleurs, ce repositionnement des paramédicaux et des psychologues permet également de rompre « la dépendance solitaire du cadre » que nous avions diagnostiqué. Il favorise une interaction avec les professionnels plus régulière et plus diversifiée. Le cadre managérial favorise l'engagement de ces professionnels dans le pilotage du ou des secteurs concernés.

En rendant visible ces changements au travers des nouvelles fiches de poste et des modifications de l'organigramme, la direction a aligné leur poste à la fois dans la structure et l'organisation. Elle a ainsi reconnu pour ces professionnels le « chemin parcouru » durant la mise en œuvre du processus de transformation des pratiques professionnelles.

Une nouvelle orientation pour les fonctions « périphériques »

Pour les professionnels des fonctions dites « périphériques »[294], la démarche a également formalisé dans la structure ce qui s'est produit dans l'organisation. En remettant en interaction les acteurs de l'accompagnement, la démarche rénovée a revalorisé la contribution de ces fonctions « périphériques ».

Dans la démarche rénovée, ces professionnels jouent un rôle tactique et sont remis dans le cœur de métier du soin. Trop souvent réduit à une activité de passe-temps ou de divertissement[295], les fonctions d'animation ou de sport adapté constituent une formidable ressource dans l'accompagnement des résidents au quotidien.

---

[294] Pour rappel, l'animatrice ou l'éducateur sport adapté sont des exemples de fonctions « périphériques » au soin.

[295] La caricature de l'animatrice jouant de l'accordéon ou organisant une partie de scrabble est souvent mise en avant par les professionnels du soin.

Ainsi, ils peuvent contribuer à prévenir les troubles du comportement[296] ou les pertes de capacités fonctionnelles[297] chez les résidents. Nous l'avions vu dans le cas de cette unité spécialisée dans les troubles du comportement. Les ateliers thérapeutiques initialement définis dans le projet de service ont dû être reconditionnés en animations thérapeutiques, plus courtes et plus adaptées aux résidents.

En accompagnant les résidents au travers d'activités dites « ludiques », les fonctions « périphériques » se présentent comme des alternatives à des stratégies thérapeutiques ou paramédicales. Elles prennent d'autant plus d'importance sur un territoire de grande ruralité où les ressources paramédicales peuvent régulièrement manquer. Par exemple, le sport adapté et la kinésithérapie poursuivent les mêmes objectifs dans le domaine de la prévention de la perte d'autonomie. Les moyens pour y parvenir sont bien différents.

Ces fonctions sont donc en réalité de véritables sources d'alternatives aux thérapies médicamenteuses par trop souvent utilisées dans les unités gériatriques des centres hospitaliers. Il est intéressant d'ailleurs de constater que leur rôle est extrêmement réduit dans ces types d'établissement où elles peuvent être considérées comme accessoires voire anecdotiques pour le corps médical[298].

La démarche rénovée de projet d'accompagnement personnalisé a rendu visible leur possibilité d'actions auprès des professionnels. Tout comme les paramédicaux et les psychologues, ils ont réaffirmé à la fois leur rôle d'experts mais également de coordinateurs auprès des équipes.

Par exemple, dans son repositionnement fonctionnel, la mission de l'animation s'est progressivement orientée du « faire » au « faire faire » auprès des soignants. La mission de l'animatrice est de réaliser et coordonner un « catalogue » d'activités qui seront mises en œuvre par les soignants.

---

[296] Les animations Flash sont un exemple d'outils mis à disposition des soignants pour diversifier les stratégies d'accompagnement pour des publics avec des troubles cognitifs importants.

[297] Les nombreux appels à projet lancés par les Agences régionales de santé pour développer le « sport santé » sur les EHPAD ou les établissements du secteur du handicap en témoignent.

[298] Le lecteur pourra se référer aux analyses portées sur les environnements médicaux des établissements A et B décrits dans la Partie I de « Du dialogue de gestion au projet managérial ».

Le repositionnement de ces professionnels a permis de faire glisser progressivement dans les équipes soignantes une fonction d'animateur thérapeutique. Le développement de boîtes à outils[299] qui sont mises à disposition des « soignants-animateurs » sont des supports précieux pour s'approprier ce changement au sein des unités.

Le référent-résident peut ainsi interagir plus rapidement lorsqu'il détecte qu'un résident développe un trouble du comportement. Il est de fait progressivement plus « en prévention » des situations complexes et gagne en confort dans l'exercice quotidien de l'accompagnement. Les refus de soins et la « violence » associée diminuent de fait. La mise en œuvre des plans de soins et d'accompagnement gagnent en fluidité.

Enfin, il n'est plus perçu par les résidents comme un soignant mais comme un accompagnant. Ce ressenti du résident a également produit un changement de « sens à l'action du quotidien » des professionnels. En cela, il est une proposition de réponse au constat réalisé sur le secteur médico-social sur le malaise du soignant « qui a le sentiment de ne faire plus que des toilettes ».

Vers une logique d'organisation adaptative ?

Dans le diagnostic réalisé, nous avions constaté que la fonction de cadre de proximité était positionnée pour gérer « l'instantanéité » des organisations avec sa quote-part « d'irritants ». Nous avions vu également que la fonction d'encadrement positionnée sur des sujets strictement opérationnels avait des marges de manœuvre relativement réduites.

Dans la démarche rénovée de projet d'accompagnement personnalisé, la fonction d'encadrement a pu se repositionner dans un rôle de facilitateur dans la mise en œuvre des objectifs.

En portant auprès de la direction les besoins de ressources et de moyens identifiés par les référents-résidents, les encadrants se sont progressivement réappropriés une légitimité dans le processus décisionnel. Les demandes « issues du terrain » ont pu porter sur des

---

[299] Nous pensons au chariot Snoezelen, à la valise d'activités physiques ou aux activités Flash.

formations, des projets d'animations spécifiques ou encore sur des aménagements de poste ou de compétences au sein des unités.

Eléments objectifs et factuels, les synthèses des projets d'accompagnement personnalisé s'appuient aussi sur des évaluations réalisées par les professionnels[300]. Elles n'en prennent que plus de valeur dans une démarche de dialogue de gestion que nous avions décrit dans la Partie I de « Du dialogue de gestion au projet managérial ».

Si les cadres de proximité ont porté les propositions des équipes auprès de la direction, ils ont su également se repositionner sur une mission plus « stratégique » initialement réservée à la direction, la gestion des parcours des résidents[301].

En effet, la nouvelle dynamique autour de l'accompagnement du résident a amené les équipes à se questionner et à rechercher des solutions « en dehors » de l'établissement C. Elle a impliqué ainsi pour la direction de construire et de faire vivre des partenariats avec d'autres établissements du territoire. Elle a fait « bouger les lignes » pour l'établissement C qui, depuis la fusion, s'était refermé sur lui-même[302].

En s'inscrivant pleinement dans la gestion des parcours, les cadres de proximité ont su intégrer un rôle important dans la relation avec les partenaires[303]. La démarche rénovée de projet d'accompagnement personnalisé a créé naturellement ces marges de manœuvres pour les cadres de proximité. En effet, plus proches du « terrain » et des besoins des résidents, ils ont eu toute la légitimité pour mener à bien cette interaction avec les acteurs du territoire.

---

[300] La Fiche d'accompagnement personnalisé (FAP) est un document synthétique d'évaluation du résident dans le cadre d'une activité thérapeutique réalisée à un moment donné. Elle est renseignée par les agents en charge de cette activité (animatrice, psychologue, soignants etc.). Elle constitue un objet de traçabilité pour suivre dans le temps la perte de capacités fonctionnelles chez un résident, par exemple. Elle permet d'apporter des éléments de réponse à l'évaluation sur la réalisation des objectifs du PAP.

[301] Appelée aussi *case management*. Nous avions vu la proximité de ce sujet avec l'objectif d'efficience systémique recherché par le *New public management*.

[302] C'était un des constats du diagnostic de l'établissement.

[303] Nous avons constaté dans le diagnostic que les relations avec le territoire étaient qualifiées de stratégiques et donc réservées exclusivement à la direction.

En créant les conditions d'une plus grande interaction des équipes autour de la pertinence des modes d'accompagnement, la démarche rénovée de projet d'accompagnement personnalisé a également amené l'équipe de direction à se réinterroger sur les organisations mises en place en lien avec les orientations sur le territoire.

Par exemple, les principaux projets de réorganisation ou de création de dispositifs[304] mis en place sur l'établissement C ont visé à adresser un changement de dispositifs d'accompagnement pour les résidents déjà présents. Les référents-résidents avaient conclu en équipe à la nécessité de ce changement d'orientation dans le projet d'accompagnement personnalisé du résident mais n'avaient pu le mettre en œuvre faute de solutions[305].

En lien étroit avec les constats dégagés sur les besoins futurs lors des réunions de concertation sur le territoire, la direction a pu accompagner ces orientations. La démarche rénovée a favorisé ainsi la recherche par la direction d'un « alignement vertical entre les tutelles et les agents ».

La réflexion menée avec les familles et les professionnels dans le cas des absences longues de résidents sur le secteur handicap en est un bon exemple. Les organisations se sont progressivement adaptées dans une logique d'accueil temporaire et de jour pour de nouveaux résidents[306]. La construction d'objets-frontières pour gérer les réservations et les prévisions d'absence et de séjours temporaires ont été créés par les référents de ces dispositifs au sein des équipes de coordination.

Enfin, les membres du « G20 » et l'équipe d'encadrement ont réinterrogé la nature et le format des réunions de projet d'accompagnement personnalisé ainsi que leur articulation avec les autres réunions (hebdomadaires ou journalières). Par une approche pragmatique et centrée sur l'objet-frontière, les réunions de projet d'accompagnement personnalisé ont gagné en efficacité et ont permis

---

[304] Près d'une dizaine d'unités ou de dispositifs ont été créés ou réorganisés en 4 ans sur l'établissement C. Tous ont été soutenus financièrement par les autorités de tutelle de manière ponctuelle ou pérenne.

[305] La dynamique des parcours entre le secteur du handicap et l'unité pour personnes en situation de handicap vieillissante (UPHV) du secteur EHPAD en est un exemple. Elle a concerné en 3 ans près de 80% des résidents de cette unité. L'analyse de leurs besoins en accompagnement a conduit à mener une réflexion sur le projet de service de cette unité.

[306] Moins de 18 mois après le lancement de la réflexion, la file active pour les accueils temporaires de l'établissement C concernait plus d'une vingtaine de personnes en situation d'accompagnement inadapté sur le territoire.

aux professionnels de se réapproprier les marges de manœuvre qu'il pouvait sembler leur manquer[307].

La démarche rénovée a ainsi progressivement favorisé une « déhiérarchisation » au sein de l'établissement C en élargissant les marges de manœuvre des membres de l'équipe de direction. En leur permettant de s'appuyer sur une connaissance ordinaire issue des référents-résidents et des équipes de coordination de site, la démarche rénovée leur a permis de gagner en légitimité et de mener à bien les réorganisations nécessaires pour répondre à la problématisation posée lors du diagnostic.

Et la réponse à la problématisation ?

Comment concrètement l'établissement C va pouvoir répondre aux « situations d'accompagnement inadapté » diagnostiquées lors des réunions de concertation menées sur le territoire ?

Face à cette problématisation, la réponse de l'établissement C va se construire autour de la démarche rénovée de projet d'accompagnement personnalisé.

En favorisant un meilleur « éclairage » de la situation d'un résident, la démarche rénovée va engager les acteurs de l'accompagnement de l'usager aux côtés de leurs représentants légaux dans une démarche de dialogue de gestion.

En ce sens, elle va remplir les vœux de l'ANESM : « le dialogue autour du projet personnalisé est crucial lors de parcours de longue durée dans une même structure. C'est ce dialogue qui permet aux professionnels de respecter les souhaits des personnes et de leurs proches, d'être au plus près des évolutions des situations et de construire les ajustements propres à relancer une dynamique susceptible de s'enliser dans la routine de la vie quotidienne »[308].

---

[307] Il convient de ne pas sous-estimer le temps de l'appropriation par les équipes durant la phase de déploiement. La fonction qualité, pilote de la démarche rénovée, joue un rôle d'évaluation et d'appui continu à la « contamination positive » des équipes.

[308] Ibid.

C'est de ce dialogue objectif et factuel que les professionnels vont pouvoir rechercher la solution la plus pertinente, individuelle et collective, pour chaque résident (présent ou à venir) de l'établissement C. Dans le cadre des situations d'accompagnement inadapté, la solution retenue constituera un ensemble de propositions qui pourront être explorées avec l'ensemble des acteurs du territoire.

En cela, la démarche rénovée de projet d'accompagnement personnalisé va répondre aux attentes des trois groupes d'acteurs du système d'action concret face à la problématisation.

Pour les usagers et les familles, la démarche rénovée de projet d'accompagnement personnalisé va permettre à l'établissement C de préciser les besoins et de mieux organiser les moyens pour répondre aux situations d'accompagnement inadapté présentes sur le territoire.

La création de dispositifs de répit est une illustration pour y répondre. Associés à la problématisation et intégrés dans la stratégie d'intéressement, les usagers et leurs représentants légaux ont participé à la recherche d'une solution acceptable par tous. La première réponse proposée a été coconstruite avec les usagers et leurs familles[309].

Cette participation a répondu simultanément aux trois enjeux de l'intéressement des usagers et de leurs représentants[310]. Elle a constitué un signal fort pour les professionnels quant aux motivations des usagers et de leurs représentants. En cela, elle a posé les bases de l'engagement des professionnels dans la recherche continue de solutions qui a abouti progressivement à la création de solutions de répit dédiées aux situations d'accompagnement inadapté sur le territoire.

Ils exercent leurs droits fondamentaux et participent aux réflexions relatives aux organisations et aux partenariats de l'établissement C. En cela, leur participation relève bien du principe de satisfaction de l'usager posé par le *New public management*. Mais, elle répond également aux objectifs de transformation de l'offre et de recherche de l'efficience du système.

---

[309] L'utilisation des chambres vacantes durant les séjours en famille ou en vacances pour les mettre à disposition des usagers en recherche de solution de répit (NDLA).

[310] Enjeux du territoire, de l'institution et de l'usager (NDLA).

Pour les professionnels, la démarche rénovée de projet d'accompagnement personnalisé est une réponse aux questions sur le « pourquoi » mais aussi sur le « pour quoi » de l'accompagnement du résident.

Elle permet ainsi aux équipes de se réapproprier le « sens » à leur action du quotidien tout en posant les bases d'une reconnaissance de leur travail et de leurs compétences au sein d'un collectif. La démarche rénovée constitue de ce point du vue « une troisième voie possible » pour les professionnels attachés au principe d'une communauté d'entre-aide présente sur le territoire.

En favorisant l'intelligence situationnelle des acteurs et la réflexion collective, la démarche rénovée permet aux professionnels de s'engager dans un cadre organisationnel et managérial basé sur les piliers de la confiance.

Lorsqu'un résident met en difficulté les soignants d'une unité, la démarche rénovée permet de reposer le diagnostic « à froid » et de réétudier en équipe les pistes de solutions envisagées[311]. Les réflexions collectives se concentrent sur « l'essentiel ». Elles permettent de poser une stratégie de réponses adaptées à la situation qui seront évaluées dans le temps.

L'approche par l'objet-frontière canalise les regards croisés et contribue à rendre cohérent les décisions du collectif sur les solutions envisagées. La cohésion du groupe s'en trouve améliorée. Le liant entre le collectif, l'encadrement et la direction est établi dans la démarche rénovée. Les responsabilités et les moyens pour exercer ses responsabilités sont objectivés et validés de tous.

En partant du besoin identifié pour accompagner l'usager, la démarche rénovée associe l'ensemble des acteurs dans une logique d'*empowerment*. Elle est au service d'une recherche de solutions acceptables par tous et pour tous les acteurs du système d'action concret. Ces solutions peuvent se poser en termes de ressources qui peuvent être recherchées en interne ou en externe.

---

[311] Les exemples ne seront pas abordés dans cet ouvrage. Mais, l'évolution des troubles du comportement chez certains résidents ont pu provoquer rapidement des difficultés auprès des équipes. L'agressivité verbale ou physique ont pu être fréquentes et sont régulièrement dotées d'une charge « émotionnelle » pour les équipes. Le sentiment d'impasse ou de découragement peut naître pour certains soignants face à ces situations. Nous avions fait ce constat dans les établissements A et B, terrains d'étude de la Partie I de « Du dialogue de gestion au projet managérial ».

D'un point de vue interne, les ressources envisageables peuvent prendre différentes formes de réponses au sein de l'établissement C. L'adaptation des pratiques professionnelles, l'achat de matériel, le renfort en moyens humains ou la réorganisation d'une unité sont autant d'exemples que nous avons présentés tout au long de notre réflexion. La gestion des parcours entre des unités ou des dispositifs internes fait également partie des ressources à disposition des professionnels dans le cadre des projets d'accompagnement personnalisé. Elle a permis la mise en place de parcours entre les secteurs du handicap et des personnes âgées dépendantes de l'établissement C et a donné d'autant plus de « sens » à la fusion réalisée plusieurs années auparavant.

D'un point de vue externe, les ressources sont exogènes à l'établissement C. Elles peuvent concerner des compétences qui ne sont pas présentes au sein de l'établissement C et qui nécessiteraient le développement de partenariats. La logique de parcours appelle une articulation de dispositifs entre les établissements qui peuvent prendre la forme de stage ou d'échange pour les résidents. Elle rentre dans cette dynamique de coopération entre les acteurs du territoire et fait partie de cet objectif d'efficience systémique promu par les pouvoirs publics[312]. Enfin, les ressources externes ne concernent pas seulement les professionnels. Comme nous l'avons vu, l'intervention ponctuelle du représentant légal ou de la famille peut constituer une ressource « levier » pour accompagner le résident[313]. Cela est d'autant plus pertinent que le résident fait des séjours réguliers au domicile de sa famille.

Dans la feuille de synthèse du projet d'accompagnement personnalisé, les solutions et les ressources associées sont identifiées par les acteurs. Elles affirment une responsabilité partagée entre le référent-résident d'une part et les équipes de direction et de coordination d'autre part. Elles contribuent à poser le cadre d'exercice de chaque professionnel

---

[312] L'établissement C a pu mener une politique partenariale active avec les établissements médico-sociaux et sanitaires du territoire. L'objectif premier de ces partenariats a été la gestion des parcours résidents. Les résultats de cette politique ont permis de développer une file active de plus d'une trentaine de personnes sur les solutions d'hébergement temporaires ou les accueils de jour. Près d'une dizaine de personnes en situation de handicap relevant de l'amendement Creton ou de la psychiatrie ont été accueillis en deux ans.

[313] Dans certaines situations complexes, il est apparu que la thématique vie affective et sexuelle pouvait être encore mieux appréhendée avec le soutien de la fratrie ou des parents.

dans son rôle et ses compétences afin de pouvoir atteindre avec succès les objectifs définis dans la synthèse.

En développant un diagnostic et une stratégie d'accompagnement avec des objectifs et des moyens mis en œuvre par les acteurs du système d'action concret, la démarche rénovée de projet d'accompagnement personnalisé remet au côté du résident le professionnel au cœur de l'organisation. Ce changement de paradigme sur le secteur relève d'une conviction où la satisfaction de l'usager ne peut être pérenne que parce que les solutions retenues pour l'atteindre le sont.

Réintroduire dans les objectifs du *New public management* la satisfaction des professionnels et la qualité de vie au travail est un objectif qui prend corps à partir d'un projet managérial éco-responsable. La logique « d'accompagner ceux qui accompagnent » que nous allons développer un peu plus tard s'inscrit pleinement dans cette approche.

Pour la direction de l'établissement, la démarche rénovée de projet d'accompagnement personnalisé répond aux critères des financeurs dans une logique d'évaluation de résultats et de performance[314].

En documentant les moyens mis en œuvre pour la prise en charge des résidents, les équipes de l'établissement C sont en mesure de transmettre aux financeurs une objectivation de l'accompagnement réalisé. Les financeurs grâce aux arguments qui leur sont apportés peuvent plus facilement statuer et justifier de leurs décisions[315].

La démarche rénovée de projet d'accompagnement personnalisé favorise ainsi la valorisation des prises en charge réalisées et de leur accompagnement dans le temps. Elle permet de développer une logique de don/contre-don au service d'une amélioration de la qualité de vie au travail de l'ensemble des professionnels.

---

[314] Dans la Partie I de « Du dialogue de gestion au projet managérial », nous avions analysé l'évolution des éléments de tarification sur le secteur médico-social en lien avec le développement du *New public management*.

[315] Le bilan de l'accompagnement financier des tutelles dans la création des dispositifs ou des unités réorganisées sur l'établissement C est plutôt favorable pour l'équipe de direction. Les résultats excédentaires ont été quintuplés en 3 ans et se sont structurellement inscrits dans les critères d'une capacité d'autofinancement et d'un taux de marge brute supérieurs à 8%. Elles ont répondu en cela aux objectifs de financement d'un projet architectural.

Le soutien financier apporté par les autorités de tutelle permet de développer une stratégie d'accompagnement à partir de ressources internes et externes que nous avons présentées.

En cela, le principe de verticalité entre les agents, l'équipe de direction et les autorités de tutelle se double des principes de confiance posés dans le projet managérial.

D'une part, l'équipe de direction répond à une démarche managériale visant à « accompagner ceux qui accompagnent » et leur donne les moyens de réussir. D'autre part, en lien avec le diagnostic posé dans les réunions de concertation, elle vise à mobiliser les organisations afin de résoudre les situations d'accompagnement inadapté et de mieux répondre à l'évolution des publics observée sur le territoire[316].

Sur l'établissement C, la démarche rénovée de projet d'accompagnement personnalisé a permis de favoriser une adaptation progressive des pratiques professionnelles et des organisations en alignant les besoins et les ressources. Elle a facilité l'adaptation de l'établissement au nouveau public et permet d'évaluer les progrès réalisés par les équipes[317]. Comme nous l'avons évoqué précédemment, la démarche rénovée a permis de favoriser la gestion des parcours au sein de l'établissement C. En cela, elle a donné plus de « sens » pour les professionnels à la fusion opérée il y a plusieurs années entre le secteur handicap et personnes âgées dépendantes[318].

En appartenant au temps court et au temps long, la démarche rénovée s'inscrit dans la continuité pour les équipes et pour l'établissement. C'est

---

[316] En 4 ans, l'établissement C a réorganisé son offre de services. En plus de l'ouverture des accueils de jour et temporaires sur les secteurs du handicap, deux unités spécialisées ont été ouvertes pour mieux accompagner les troubles cognitivo- comportementaux sur les secteurs EHPAD et handicap.

[317] Les synthèses des projets d'accompagnement personnalisé ont permis de consolider les bilans des unités et dispositifs créés en 4 ans. Les bilans remis aux financeurs sont des évaluations permettant de mesurer la réponse apportée par l'établissement C aux situations d'accompagnement inadapté et à l'évolution des publics sur le territoire. Par exemple, le bilan annuel d'une unité spécialisée dans les troubles cognitifs a montré au travers d'éléments factuels et quantifiés une baisse très significative des prises en charge médicamenteuses et une gestion des parcours résidents très fluide avec les autres établissements sanitaires et médico-sociaux du territoire.

[318] Le diagnostic de l'établissement C avait identifié que le projet de fusion des établissements du handicap et des personnes âgées dépendantes avait été vue par les professionnels comme une décision politique visant à mutualiser les ressources sur le territoire. Elle n'avait de fait que peu de « sens » pour les acteurs dans leur quotidien.

en cela qu'elle se distingue des projets de réorganisation qui peuvent être développés sur le secteur sanitaire et médico-social.

En effet, par trop souvent issue d'un constat portant sur des difficultés budgétaires, ces réorganisations procèdent d'une logique réactive voire corrective pour l'équipe d'encadrement et de direction. Aussi, elles sont couramment ressenties comme « subies » par les professionnels qui y voient bien souvent « l'injonction » des tutelles.

Comme nous l'avions vu sur l'établissement A dans la Partie I de « Du dialogue de gestion au projet managérial », elles créent un « désalignement » avec les tutelles et la direction. Elles sont génératrices d'une perte de sens pour les équipes et d'une fracture progressive avec l'équipe d'encadrement et de direction.

En assurant cette continuité dans le temps, la démarche rénovée permet aux équipes d'anticiper et de s'adapter aux situations d'accompagnement inadapté et à l'évolution des publics sur le territoire. Elle offre une possibilité pour l'équipe de direction de rendre visible pour les équipes et pour les tutelles l'évaluation de cet accompagnement. Cette continuité modifie quelque peu la logique de la contractualisation pluriannuelle qui est établie par les outils du *New public management*[319]. Elle permet surtout de maintenir un climat de confiance au sein de l'établissement et de continuer à « embarquer pour ce voyage » les professionnels.

La meilleure réponse développée par l'équipe de direction sera celle qui satisfera les attentes des acteurs du système d'action concret et reposera sur l'équilibre des intéressements.

Tant que la « régulation des intérêts divergents » est maintenue dans le temps, les acteurs continueront le voyage ensemble. Si elle ne fonctionne plus, ils risquent de se désintéresser du voyage proposé par l'équipe de direction. C'est en fonction de l'état de confiance qui sera présent entre les acteurs que cette décision se fera plus ou moins rapide.

Le développement d'un *management public* renouvelé constitue une proposition acceptable pour des acteurs qui s'inscriraient dans une problématisation commune aux intéressements pluriels. Il représente un

---

[319] Les négociations et la signature du Contrat pluriannuel d'objectifs et de moyens (CPOM) de l'établissement C avaient été prévues pendant 4 ans. Elles ont toujours été ajournées. Une approche par projet et ciblée sur les réponses apportées aux situations d'accompagnement inadapté a été retenue par les tutelles et la direction. Elle conditionne les financements aux évaluations conduites sur les dispositifs.

défi pour la direction car il constitue un voyage aux multiples destinations dont nous allons en explorer quelques aspects à présent.

B- VERS UN MANAGEMENT PAR LA QUALITE (DE VIE AU TRAVAIL) ?

Le « sens » et la « reconnaissance » que la direction souhaite investir dans la démarche rénovée de projet d'accompagnement personnalisé font partie de ses principaux enjeux. C'est pour cette raison que la démarche rénovée est étroitement liée à la qualité de vie au travail et qu'elle a été retenue au sein du Cluster QVT pour les établissements médico-sociaux.

Au sein de l'établissement C, deux fonctions support se sont repositionnées au cours de la mise en œuvre de la démarche rénovée de projet d'accompagnement. Elles ont été actrices dans les changements mis en œuvre au travers de la démarche rénovée.

Par les changements réalisés dans leurs domaines de compétences respectifs, la fonction qualité a pu accompagner les professionnels afin de recréer le « contexte dans lequel les acteurs trouveront des solutions différentes de celles qu'ils ont adoptées dans le contexte présent »[320]. Elle pose ainsi les bases d'un développement possible d'un management par la qualité de vie au travail.

Qualité et qualité de vie au travail

Fonction par trop connotée[321] dans le secteur sanitaire et médico-social, la fonction qualité a été le « pilote » de la démarche rénovée de projet d'accompagnement personnalisé au sein de l'établissement C.

Cette fonction dite « support », largement associée à la rédaction de protocoles et à la mise en forme du « risque sécuritaire » n'était pas destinée à porter un projet de transformation de pratiques professionnelles. Portée par une « animatrice qualité », cette fonction était en support du Cadre supérieur de santé. Depuis sa création à la

---

[320] Ibid.

[321] Dans le premier chapitre, il a été développé le rôle que la fonction qualité a pu jouer dans le développement du *New public management* sur le secteur medico-social.

fusion, elle était affectée essentiellement à des missions dites règlementaires[322].

Pour faire écho au constat des professionnels du secteur, la fonction qualité est « productrice » de normes et donc de moyens de mesure et de contrôle. En cela, elle est perçue par les professionnels du secteur comme une « entreprise d'uniformisation », sujet au « syndrome quantitatif aigu »[323] et au *New public management*. C'est un constat que nous pouvons faire également sur l'établissement C en lien avec le diagnostic sur la gouvernance et le management de l'équipe de direction.

En repositionnant l'équipe qualité sur une mission à la fois de « terrain » et de « stratégie », la direction a souhaité « faire le pari » de lui donner un autre « sens ». Dans la démarche rénovée de projet d'accompagnement personnalisé, la direction va aligner cette fonction avec le projet managérial et tenter ainsi de « réconcilier l'inconciliable ».

Cependant, avant de lui confier le pilotage de la démarche rénovée, il a été nécessaire de réorganiser la fonction et de la « relégitimer » par la nomination d'un cadre de proximité qui sera rattaché à la direction dans l'organigramme de l'établissement C[324].

En développant une méthodologie projet adaptée, la fonction qualité a ainsi permis de structurer un cadre d'exercice « plus ouvert » pour les professionnels (« la boîte noire ») comme nous l'avons vu.

S'appuyant sur l'approche managériale impulsée par la direction, elle a réussi avec la démarche rénovée à décloisonner les pratiques professionnelles des équipes. Nous avions constaté dans le diagnostic que l'établissement C n'avait pas pu mener une transformation des pratiques professionnelles transversale depuis la fusion des trois établissements. Les « freins » au changement avaient été également constatés dans le diagnostic pour de multiples raisons.

La démarche a favorisé cette « détente » progressive dans la perception et la gestion du changement dans les équipes. En se positionnant en appui des équipes, la fonction qualité a pu mener un soutien continu tout

---

[322] Les enquêtes institutionnelles Flash-EHPAD ou ANAP, la rédaction de protocoles de soins ou les questionnaires de satisfaction en sont des exemples. Dans le diagnostic, nous avions vu que la fusion avait changé l'exposition de l'établissement C vis-à-vis des autorités de tutelle.

[323] Ibid.

[324] L'animatrice qualité sera sous la responsabilité de la cadre qualité.

au long de la démarche rénovée de projet d'accompagnement personnalisé. Elle a ainsi pu assurer que la contamination positive se maintienne dans le temps auprès des référents-résidents tant par les actions de formation que d'appui à la réalisation des synthèses de projet d'accompagnement [325]. Elle a permis également au travers d'échantillonnages de pouvoir qualifier la qualité des synthèses des projets d'accompagnement personnalisé[326]. Elle s'est ainsi inscrite dans une démarche DMAAC nécessaire à la mise en œuvre de ce type de projet de transformation des pratiques professionnelles.

Par ses effets directs et indirects, la démarche rénovée de projet d'accompagnement personnalisé est ainsi un projet qui a su toucher l'ensemble des équipes et repositionner la fonction qualité dans l'établissement C. Plusieurs conséquences ont pu être observer en lien étroit avec les « pétales » de la qualité de vie au travail.

Réconcilier l'inconciliable

La « réconciliation de l'inconciliable » a été également poussée progressivement sur des sujets de plus en plus nombreux comme, par exemple, les fiches d'évènements indésirables (FEI). En l'associant étroitement avec la démarche rénovée de projet d'accompagnement personnalisé, la question des FEI[327] a pris une nouvelle dimension pour les professionnels.

Elément partagé dans le dialogue social mené avec les représentants du personnel, les FEI ont fait partie des objets-frontières institutionnels.

---

[325] Dix-huit mois après le début de la phase de déploiement, plus d'un tiers des projets d'accompagnement personnalisé ont été réalisés dans une version rénovée.

[326] Comme nous l'avions vu dans la description de la phase de déploiement, les « prétextes » pour appuyer la contamination positive auprès des professionnels ne manquent pas sur l'établissement C. L'évolution des publics accueillis a constitué le « réservoir » pour matérialiser la mission de « terrain » de la fonction qualité en soutien d'équipes en difficulté.

[327] Le sujet des FEI a été exposé dans l'état des lieux de la démarche de dialogue de gestion sur l'établissement C.

Elles ont donné lieu à des analyses de cause racine[328] sur des sujets bien précis en lien avec l'accompagnement de résidents.

Dans ces derniers cas, les analyses de cause racine ont permis d'identifier les objectifs et les moyens à mettre en œuvre dans le projet d'accompagnement personnalisé du résident. Elles ont appelé des échanges sur les pratiques professionnelles avec les bénéfices que nous avions identifiés pour les agents tant en termes de « sens » que de « reconnaissance ». Elles ont produit des interactions professionnelles dans un cadre objectif où les faits et les diagnostics permettent de développer des réflexions constructives.

Les intentions et les jugements des acteurs sont exclus de ces échanges où les énergies sont concentrées pour « sortir par le haut » des situations problématiques. L'animation de ces espaces de discussion est régulée par la fonction qualité. Cette dernière apporte un « regard extérieur » qui doit être le plus neutre possible par rapport à la situation déclarée.

En ce sens, elle garantit une approche par la confiance auprès des équipes, en ligne avec le projet managérial. Elle s'inscrit dans une recherche de la cause en distinguant les faits des anecdotes, le symptôme du problème. Elle agit dans les matériaux du concret et permet de « gommer ces irritants » du quotidien. En ce sens, elle répond à la préoccupation des professionnels et non plus simplement à une approche « par la règle et le protocole ».

Enfin, ces analyses de cause racine ont pu également ouvrir sur des sujets plus transversaux concernant les pratiques des professionnels. Ces sujets ont vocation à être travaillés dans des groupes ressources pluridisciplinaires et inter-secteurs puisqu'ils ne sont pas spécifiques au public accueilli [329]. Les conclusions des analyses de cause racine permettront à leur tour de nourrir la démarche rénovée de projet d'accompagnement personnalisé sous la forme d'actions ou de moyens à mettre en place sur une problématique identifiée pour un résident.

---

[328] Les analyses de cause racine partent du constat que la résolution de problème doit être traité sur les causes et non les symptômes de ce problème. Le terme anglophone est *root cause analysis* (RCA). Dans le secteur sanitaire et médico-social, elles sont appelées également Revue de mortalité et morbidité (RMM). Le lecteur pourra se référer au guide méthodologique de la Haute autorité de santé (HAS) de novembre 2009.

[329] Les questions éthiques comme la vie affective sexuelle sont des thématiques présentes dans les groupes ressources.

Elles contribuent à la dynamique de changement qui touche progressivement l'ensemble des professionnels de l'établissement C.

Par ailleurs, les groupes ressources ont pu trouver un appui légitime dans les conclusions dressées par les analyses de cause racine réalisées par la fonction qualité. Nous avions vu que la légitimité et l'objectivation des problèmes faisaient défaut à la mise en œuvre effective des groupes ressources et plus largement, de réflexions qui touchaient aux pratiques des professionnels sur l'établissement C. Avec les analyses de cause racine, les problématiques peuvent être lisibles pour l'ensemble des professionnels et dépasser les cloisonnements historiques au sein des organisations sectorielles.

Les groupes ressources donnent ainsi la possibilité aux professionnels de partager et confronter leur connaissance ordinaire avec des professionnels de fonctions et de secteurs différents. Cette « mobilité temporaire » des agents favorise la dynamique de regards croisés au sein de l'établissement et participe à mettre du « sens » à une fusion d'établissements « par trop éloignés les uns des autres ». En posant des actions concrètes sur des thématiques qui touchent l'ensemble des professionnels, les groupes ressources contribuent à renforcer les actions et les moyens mis en œuvre pour accompagner les professionnels dans leur action au quotidien. Ils s'inscrivent bien dans les pétales de la qualité de vie au travail présentées en annexe 1.

Management par la qualité de vie au travail

Le management par la qualité de vie au travail n'est pas une « potion magique » ou encore un « éparpillement de mesures » pour répondre à des pressions ou des injonction règlementaires[330]. Il se dessine à partir d'une réflexion sur les conditions de mise en œuvre d'un projet managérial qui permet à « ceux qui font » d'utiliser la connaissance ordinaire et les matériaux du concret pour résoudre les problèmes auxquels ils sont confrontés dans l'exercice de leur métier au quotidien.

---

[330] Le Document unique d'évaluation des risques professionnels (DUERP) est une obligation définie dans le décret n°2001-1016 du 5 novembre 2001 portant création d'un document relatif à l'évaluation des risques pour la santé et la sécurité des travailleurs, prévue par l'article L. 230-2 du code du travail et modifiant le code du travail.

Comme l'ont mis en évidence les économistes, Henri Savall et Véronique Zardet, « l'amélioration de la cohésion et celle de l'implication plus grande du personnel sont les leviers de l'accroissement des performances durables et de la capacité des entreprises à surmonter la crise »[331].

La démarche rénovée de projet d'accompagnement personnalisé est une transcription d'une approche managériale par la qualité de vie au travail. Elle repositionne le professionnel dans une approche participative où il peut agir sur ses conditions de travail, tout en étant reconnu et accompagné par l'équipe de direction pour mener son action au quotidien auprès du résident et en lien étroit avec la stratégie de l'établissement.

C'est pour cette raison qu'elle est intégrée à une démarche d'amélioration des conditions de travail. La fonction qualité a été ainsi saisie des différents éclairages qui peuvent s'offrir au quotidien pour un établissement médico-social.

La constitution d'un Plan d'amélioration continue de la qualité (PACQ)[332] a permis de centraliser les multiples éclairages issus du temps court et du temps long. Par exemple, les conclusions d'une inspection réalisée par les autorités de tutelle sur un secteur handicap ou les résultats des enquêtes de satisfaction réalisées auprès des usagers, des familles et des professionnels sont des objets-frontières institutionnels qui consolident le PACQ. Ils rentrent dans une démarche de dialogue de gestion que nous avions présentée dans la Partie I de notre réflexion.

Comme pour les accidents du travail, les Feuilles d'évènements indésirables (FEI) font l'objet de tableaux de bord qui permettent de poser les bases d'un dialogue de gestion avec les professionnels. Le dialogue social avec les représentants du personnel s'organise autour de ces objets-frontières et n'en devient que plus constructif. Les représentants du personnel et l'équipe de direction partagent ainsi leurs pistes de réflexion avec le soutien (quand cela est possible) des analyses de cause racine (ACR).

---

[331] Ibid.

[332] Le plan d'amélioration continue de la qualité (PACQ) regroupe l'ensemble des objectifs et plans d'action issues des inspections, enquêtes ou éléments d'étude internes à l'établissement C.

C'est également dans le même esprit que les représentants du personnel sont accompagnés par la fonction qualité dans la réalisation de la cartographie des risques professionnels au sein de l'établissement C[333]. Celle-ci est constitutive du Document unique d'évaluation des risques professionnels (DUERP) et permet à l'équipe de direction de se saisir de sujets qui ne font que renforcer leur légitimité d'encadrement de proximité.

Nous nous rappelons que le diagnostic de l'établissement C a souligné des difficultés pour les professionnels à faire face à l'évolution des publics accueillis sur l'établissement C. Ces difficultés essentiellement liées aux troubles du comportement ont des répercussions sur les choix d'accompagnement du résident comme nous l'avons vu.

Ainsi, la fonction qualité a permis de lier les risques liés à la prise en charge des résidents tels qu'ils sont remontés à l'équipe de direction par les FEI ou le DUERP avec des éléments de réflexion issus des ACR. La démarche rénovée de projet d'accompagnement personnalisé a constitué ce lien entre les problématiques identifiées et les actions/moyens mis en œuvre. En favorisant la continuité entre temps court et temps long, la démarche rénovée permet aux parties prenantes de suivre et évaluer les solutions mises en œuvre au travers d'une logique DMAAC. En rendant visibles par « tous » les solutions choisies et leurs évaluations, la démarche procède d'une logique d'intéressement des acteurs du système d'action que nous avons présenté.

C'est bien en permettant à la démarche rénovée d'articuler les attentes et les intéressements des acteurs que la direction a favorisé le développement d'un management par la Qualité et pour la qualité de vie au travail.

Comme le souligne François Dupuy, « la question des conséquences [des transformations organisationnelles] sur les conditions du travail n'a jamais été une priorité pour des dirigeants eux-mêmes pris dans des systèmes de pression très contraignants »[334].

---

[333] Dans la même logique, la fonction qualité a été en charge du pilotage du déploiement des rails de transfert sur l'établissement C. Le retour positif des professionnels sur ce dispositif facilitant les transferts des résidents et réduisant les troubles musculosquelettiques (TMS) a été unanime.

[334] Ibid.

La démarche rénovée de projet d'accompagnement personnalisé a repositionné la finalité des transformations organisationnelles non plus sur un objectif de performance mais plutôt sur les moyens de réaliser cet objectif.

En cela, elle pourrait contribuer à la mise en place d'un *renewed public management* au sein du secteur médico-social. En conciliant organisation adaptative et recherche d'efficience d'une part, et satisfaction des usagers et qualité de vie au travail des professionnels, d'autre part, elle se présenterait comme une voie possible pour « réconcilier l'inconciliable ».

C- VERS UNE POLITIQUE RENOVEE DES RESSOURCES HUMAINES

La démarche rénovée de projet d'accompagnement personnalisé s'est donc inscrite dans une démarche de dialogue de gestion menée plus largement sur l'établissement C.

Si la démarche rénovée a touché les pratiques professionnelles par le biais de la fonction qualité, elle a eu également un écho sur la politique et la fonction des ressources humaines.

Au cœur de l'intéressement des professionnels, nous avons pu apprécier l'importance de la place du « sens » et de la reconnaissance de tous par tous. Nous avons également constaté que garantir la régulation des intérêts divergents entre les acteurs du système d'action concret permettait d'envisager que toutes les parties prenantes puissent « embarquer pour le même voyage ».

« Accompagner ceux qui accompagnent » repositionne les professionnels aux côtés des usagers dans une logique de *public management* renouvelé. Au-delà d'un discours managérial par trop gélifié, « accompagner ceux qui accompagnent » les résidents va se traduire sur différents volets de la politique des ressources humaines. Nous ne les développerons pas tous en détail mais nous pouvons nous arrêter sur certains d'entre eux pour illustrer les effets de la démarche rénovée.

« Accompagner ceux qui accompagnent »

En repositionnant le référent-résident sur le pilotage du projet d'accompagnement personnalisé, nous avions souligné que la démarche rénovée a mis en avant des « zones d'accompagnement » pour les professionnels. Ce constat avait été déjà identifié par les membres du « G20 » à la fois par leur propre expérience de la démarche rénovée mais aussi par les retours qu'ils ont pu en faire dans leur rôle de tuteur auprès des autres professionnels.

Les premières « zones d'accompagnement » identifiables relèvent de la formation et du développement des compétences des professionnels. Sur ce point, le plan de formation permet de répondre à des demandes collectives ou individuelles plus ciblées et dont l'évaluation pourra être posée en lien avec un sujet du concret.

Par exemple, un objectif et une action d'un projet d'accompagnement personnalisé peuvent dessiner une demande de formation individuelle ou un accompagnement par une fonction « périphérique » comme nous l'avions analysé. Les conclusions d'un groupe ressource peuvent également favoriser une démarche plus collective. La question de la vie affective et sexuelle en est un exemple.

Comme nous l'avions souligné, l'approche « concentrique » développée dans le cadre de la méthodologie projet demande d'identifier les référents-résidents prioritaires pour les premières sessions de formation. Cependant, en fonction de l'enjeu [335] du pilotage d'un projet d'accompagnement personnalisé, la référence de ce projet pourra être attribuée à tel ou tel professionnel. Cette analyse permet de remettre la connaissance ordinaire sur les compétences des professionnels au centre de la décision. L'éclairage du cadre de proximité n'en prend que plus d'importance et gagne en légitimité dans les décisions.

La connaissance des parcours professionnels des agents (candidat à une référence, par exemple) pourra permettre de dessiner les futures mobilités. Cette approche plus en lien avec la réalité des besoins et des enjeux est également plus valorisante et plus transparente pour les professionnels. Les mobilités prennent du « sens » pour les professionnels et dépassent les positions dogmatiques que nous avions identifiées dans le diagnostic de l'établissement C.

De plus, pour l'équipe de direction, nous pouvons souligner qu'accompagner les professionnels dans leur parcours professionnel et leur acquisition de compétences reflète le désir de mener une politique de ressources humaines qui fait « sens ». C'est réussir à la fois à s'accomplir pour accompagner les professionnels mais également positionner « les bonnes compétences au bon moment et au bon endroit »[336]. Cette articulation entre l'équipe de direction garant de la

---

[335] Par « enjeu », nous entendons une situation complexe comme, par exemple, un résident avec des troubles du comportement ou une gestion de parcours inter-secteur ou inter-établissement.

[336] Elle répond en cela aux principes fondamentaux du projet managérial qui repose, comme le souligne Michel Hervé, sur « la confiance dans le potentiel de tout homme à se réaliser intégralement [...] L'homme doit être conçu comme un potentiel qui cherche à se développer et dont les organisations ont la responsabilité d'accompagner son développement ».

stratégie de l'établissement, les parcours professionnels des agents et l'accompagnement des résidents était au cœur de la stratégie d'intéressement des acteurs du système d'action concret.

En réinterrogeant les parcours professionnels par une réflexion coconstruite avec les agents, la direction repositionne également le développement de leurs compétences dans le temps. Le processus est bien itératif et fondé par les évaluations annuelles formalisées lors des entretiens individuels. La dynamique d'accompagnement professionnel permet ainsi aux professionnels de prendre des initiatives et d'exprimer leur talent professionnel. Cette volonté se fait sans renier l'appartenance au groupe qui est prégnante sur l'établissement C comme nous l'avons souligné dans le diagnostic[337].

Politique de recrutement et d'attractivité dans un contexte d'EHPAD-bashing

La politique de recrutement s'en trouve affectée également.

Dans un contexte « d'EHPAD-*bashing* », la problématique de l'attractivité du secteur médico-social a été présentée dans les premières pages de cet ouvrage. Le diagnostic de l'établissement C montre qu'il est exposé de fait à cette difficulté puisqu'il se situe sur un territoire de grande ruralité[338].

Dans ce contexte, l'attractivité d'un établissement reste un indicateur « global et imprécis » de la reconnaissance par les « pairs » de la « qualité » de l'établissement. Par qualité, nous pensons à la fois à la qualité d'accompagnement des résidents par les professionnels et la qualité de l'accompagnement des professionnels par l'équipe de direction. Finalement, l'attractivité permet une lecture directe de

---

[337] Les projets en innovation technologique ou sociale favorisent une perception de renouveau et de modernisme. Ils sont sources d'attractivité pour les générations de soignants les plus récentes.

[338] Nous rappelons que l'établissement C se situe sur un territoire où la démographie médicale, paramédicale et soignante est particulièrement tendue. Par son positionnement géographique, l'établissement C se trouve également en « concurrence » avec des centres hospitaliers situés en zones urbaines/périurbaines.

l'exercice professionnel et de la qualité de vie au travail des professionnels au sein de l'établissement concerné.

L'attractivité de l'établissement C s'est consolidée sur les années durant lesquelles la démarche rénovée de projet d'accompagnement personnalisé s'est déployée.

Par une approche managériale par la qualité de vie au travail, la direction a décliné la politique d'accompagnement des parcours professionnels au sein de l'établissement C. Elle a revitalisé de fait l'attractivité de l'établissement. En effet, nous avions fait le constat déjà que le secteur médico-social est un secteur très dynamique où les questionnements nourrissent le quotidien des agents. Aussi, les professionnels peuvent être, en grande partie, attirés par une culture de l'innovation (et de cohérence) managériale si elle est exprimée dans un cadre où les valeurs du secteur sont respectées.

La démarche rénovée de projet d'accompagnement personnalisé a répondu à cette double attente des jeunes professionnels. En effet, nous avions vu dans le diagnostic du territoire que les jeunes professionnels reste peu formés en règle générale. Ceci les rend probablement plus enclins à être accompagnés dans une politique de parcours professionnel au sein de l'établissement.

Pour l'établissement C, l'attractivité permet d'apporter de nouveaux regards croisés sur l'établissement C avec l'introduction de nouveaux professionnels. Elle permet ainsi de réduire les effets de l'endogamie du recrutement [339], phénomène que nous avions diagnostiqué sur l'établissement.

Une politique de recrutement redynamisée est aussi une réponse efficace aux difficultés d'organisations « vivantes au quotidien » et confrontées à la gestion des remplacements et des plannings[340], par exemple.

En s'invitant dans le concret, la politique de recrutement souligne toute l'importance de la politique (rénovée) de ressources humaines

---

[339] François Dupuy associe à cette notion le « caractère hermétique » (à tout changement) de l'organisation qui subit ce phénomène.

[340] Nous rappelons que le *turnover* des professionnels a été pointé comme un mal endémique sur le secteur médico-social par la mission « Flash » menée sur les EHPAD en 2017. Il est à noter que ce sujet constitue un des principaux irritants des « fabricants de cohérence » que sont les cadres de proximité sur l'établissement C. Ce sujet avait été identifié également sur les établissements A et B, terrains d'étude de la Partie I de « Du dialogue de gestion au projet managérial ».

puisqu'elle conditionne la continuité de service de l'établissement et par voie de conséquence, la qualité des conditions de travail et d'accompagnement des résidents. En effet, même si les valeurs d'entre-aide sont présentes sur l'établissement C, les difficultés à maintenir un niveau d'encadrement par résident minimum peuvent constituer un risque dans le développement d'un absentéisme structurel. Ces difficultés peuvent de fait mettre à mal le « sens » que les professionnels donnent à leur exercice professionnel au quotidien. Les risques psychosociaux qui peuvent toucher certains agents peuvent trouver également leurs racines dans cette situation comme nous l'avions développé dans l'étude des établissements A et B dans la Partie I de « Du dialogue de gestion au projet managérial ».

Enfin, le diagnostic avait souligné que, sur le territoire, la portée du « bouche à oreilles » est aussi (voire plus) importante que les outils de communication numériques [341]. Ces outils sont des véhicules de communication importants à destination des familles des usagers mais également des professionnels.

Communiquer, c'est à la fois donner envie de rejoindre l'établissement et à la fois valoriser ceux qui contribuent à donner envie. Dans cet objectif, la publication des animations ou des initiatives réalisées par les professionnels permet en quelques sortes aux professionnels de l'établissement C de s'adresser aux professionnels du territoire[342].

Pour accompagner ce repositionnement, l'organisation des services administratifs a dû repenser la fonction accueil au sein de l'établissement C. L'agent a donc progressivement développé des compétences dans la communication avec l'animation des réseaux sociaux, la gestion de la publication de la lettre mensuelle de l'établissement C, ou la coordination de point presse pour partager les projets institutionnels à destination des usagers du territoire[343].

---

[341] L'établissement C s'est inscrit dans une démarche de communication interne et externe à travers la création d'un site internet et de comptes sur les réseaux sociaux.

[342] Dans le contexte de la crise sanitaire exceptionnel, les contenus numériques ont favorisé très largement le maintien du « lien social » avec les proches des résidents.

[343] Accueil de jour et accueil temporaire ont été créés sur l'établissement C pour répondre aux besoins des usagers du territoire.

Nous pouvons, à présent, illustrer le dernier exemple de repositionnement de la politique des ressources humaines autour de la reconnaissance des professionnels. Il porte sur la politique de rémunération et d'avancement des professionnels.

Nous pouvons commencer par la politique de rémunération.

Tout d'abord, ce sujet reste « tabou » pour les agents de l'établissement C. En effet, nous avions indiqué que l'engagement des professionnels du secteur médico-social se fonde avant tout sur les valeurs humaines et que le facteur « monétaire » est « désacralisant ». Deuxièmement, la Fonction publique hospitalière à laquelle appartient l'établissement C définit un cadre règlementaire strict d'application de cette politique.

Pour la direction, ce cadre règlementaire définit des marges de manœuvre limitées [344]. Cependant, bien qu'elles soient limitées, ces marges existent pour accompagner la reconnaissance de l'action au quotidien des professionnels par l'équipe de direction. Au travers des éléments de primes, elles rentrent dans l'approche du don/contre-don que nous avions abordée dans la Partie I de « Du dialogue de gestion au projet managérial ». Reconnaître la contribution exceptionnelle d'un agent dans un projet institutionnel, par exemple, permet d'officialiser la position de l'équipe de direction. Elle permet de signifier à l'agent toute l'importance que l'établissement porte à son action du quotidien.

Le cadre règlementaire de la prime de service distribuée aux agents titulaires permet ce « signifiant » dans un établissement public autonome. Il est à l'appréciation du directeur dans son « pouvoir règlementaire » mais représente une portion très mineure de la prime annuelle pour les agents titulaires dans la mesure où ce « pouvoir règlementaire » reste très encadré[345].

En revanche, attribuer une prime à des agents contractuels représente une « innovation » majeure pour l'établissement C. Il est intéressant de

---

[344] Il est à noter que les lignes directrices de gestion (LDG) ont incité dès 2019 à lancer une démarche de changement (progressif) des éléments constitutifs de ce cadre. L'avancement ou la prime au mérite se dégagent comme les sujets les plus prégnants.

[345] La quote-part de prime de service attribuée au mérite peut rarement excéder 5 à 10% de la prime annuelle totale pour les agents.

remarquer que les représentants du personnel n'ont pas soutenu cette initiative de la direction[346]. La prime retenue est à l'appréciation du directeur tant en montant qu'en critères d'attribution. La cohérence des mesures de reconnaissance entre des agents ayant des statuts différents mais occupant des fonctions identiques fait partie des éléments du projet managérial.

Ainsi, les éléments de prime décidés règlementairement par le directeur sont issus des conclusions des entretiens individuels réalisés par les cadres et responsables d'équipe de l'établissement C.

Antérieurement sans « grand enjeu », ces entretiens individuels ont été repositionnés dans la production de reconnaissance à destination des professionnels. En effet, la reconnaissance du travail réalisé ne trouvait pas de matérialité concrète en dehors de consigner les sujets abordés dans le dossier de l'agent. Le rituel basé sur une évaluation « descendante » menée par la hiérarchie ne trouvait plus de « sens » pour les parties prenantes[347].

En redonnant un nouveau « sens » à cet outil de la politique de ressources humaines, les entretiens individuels se sont enrichis des échanges valorisant le parcours et la mobilité, les initiatives professionnelles dans des projets d'accompagnement personnalisé ou des projets institutionnels. Elles permettaient de mieux cerner les besoins en mobilité ou en compétences au travers des formations individuelles ou collectives. L'évaluateur et l'évalué se sont conjointement inscrits dans un échange plus porteur de « sens » qui appelait à la fois le passé, le présent et le futur du professionnel quel que soit son statut au sein de l'établissement C.

La politique d'avancement définie sur l'établissement C a également intégré ce double principe de « sens » et de « reconnaissance » du travail réalisé par les professionnels. Elle se fonde également sur la mise en

---

[346] La défense du statut de titulaire a été le point d'argumentation majeur pour les organisations syndicales. La lecture « dogmatique » a prévalu sur une vision plus « pragmatique » du sujet.

[347] Elle est illustrée avec la notation issue du bilan de l'entretien individuel. Sauf cas exceptionnel, les notations de l'ensemble des agents progressent dans les mêmes proportions conformément au cadre règlementaire posée dans la Fonction publique hospitalière.

valeur des parcours professionnels dans le temps « long » institutionnel de l'établissement C.

Outre les éléments règlementaires qui définissent le cadre d'avancement des agents titulaires, la question de la reconnaissance du parcours des professionnels non titulaires a été un enjeu pour l'équipe de direction. Par ailleurs, nous avions vu que le contexte médiatique du secteur médico-social a été particulièrement marqué par une dévalorisation des métiers et de la prise en charge au sein des établissements. Sur le territoire de l'établissement C, l'EHPAD-*bashing* s'est traduit par la fermeture d'une école d'aide-soignante et la baisse massive des candidatures au sein des autres écoles. L'attractivité pour le métier et pour exercer au sein de l'établissement C est donc également de ce point de vue un enjeu pour la direction.

Pour l'équipe de direction, poser dans le temps « long » les modalités d'une reconnaissance « des états de service » des professionnels au sein de l'établissement, c'est permettre de réconcilier les intérêts des professionnels et de l'institution dans un cadre managérial éco-responsable où les principes d'accessibilité, d'exemplarité, de transparence et d'altérité sont posés.

La mise en place de protocoles de titularisation (de la Fonction publique hospitalière) et de « CDIsation » a relevé de cette logique[348].

En affichant sur une période de trois ans renouvelable un nombre de postes vacants annuellement, les protocoles ont permis d'inscrire les professionnels contractuels dans une perspective institutionnelle. Les critères de sélection pour bénéficier de ces protocoles étaient formalisés. Bien que pluriels, ils mettaient en avant la qualité du parcours professionnels et de l'appréciation reçue aux entretiens individuels.

En facilitant leur accessibilité au statut de titulaire, les professionnels contractuels sont reconnus comme « potentiel en devenir ». C'est donner le signal à l'ensemble des professionnels que le statut de titulaire est accessible et que leur contribution à la dynamique de l'établissement C est un critère important dont il sera tenu compte dans la sélection des candidats aux protocoles.

---

[348] Le premier protocole a visé à titulariser des agents contractuels en poste depuis au moins deux ans dans l'établissement C. Le second protocole a converti des contrats à durée déterminée (CDD) renouvelés depuis au moins 6 ans en un contrat à durée indéterminée (CDI).

Plus largement, c'est mettre l'ensemble des agents de l'établissement en situation de « déhiérarchisation ». Le statut de titulaire ne constitue plus un « passe-droit » pour contribuer au « temps long » de l'institution. L'agent contractuel n'est plus inscrit dans une temporalité « courte », celle des « irritants » et des remplacements. Il est invité par l'institution à contribuer aux « regards croisés » et notamment à la démarche rénovée de projet d'accompagnement personnalisé[349].

En repositionnant la fonction des ressources humaines dans le sillage de la démarche rénovée de projet d'accompagnement personnalisé, l'équipe de direction a voulu substituer aux éléments de langage d'un discours managérial (« prendre soin des soignants ») les éléments du concret d'un management participatif et redistributif de la « valeur créée »[350].

La politique de ressources humaines s'est inscrite dans les orientations de la direction comme un précieux moyen de toucher la réalité et la reconnaissance de l'exercice professionnel sur le secteur médico-social[351].

Ainsi, en développant une politique de ressources humaines axée sur l'accompagnement et la reconnaissance des professionnels d'une part, la maîtrise des organisations d'autre part, l'établissement C dessine une vision du « *renewed public management* » qui s'appuie sur la qualité de vie au travail et qui répondrait en cela aux attentes des professionnels du secteur médico-social.

Cette vision met en lien les intérêts des professionnels avec ceux des usagers et de l'établissement. La qualité de l'accompagnement du résident et la capacité de l'établissement à adapter en continu cet

---

[349] Près de 30% des référents-résidents étaient des agents contractuels.

[350] Les mesures de revalorisation et d'accompagnement pour les agents contractuels comme la mise en place de primes ou d'un avancement « au rythme » des grilles indiciaires des agents inscrits dans les protocoles de CDIsation sont des choix budgétaires qui s'inscrivent dans le temps « long ». En cela, ces mesures participent de la redistribution de la valeur créée par l'établissement C.

[351] Les enjeux relatifs à la qualité de vie au travail et aux éléments de revalorisation doivent être mis en perspective par rapport aux caractéristiques du secteur : Les professionnels sont à très grande majorité féminins et à temps partiel comme le confirment les études de la DREES. Les rémunérations sont particulièrement fragiles sur le secteur alors même que les métiers touchent à ceux que les usagers ont de plus chers, leur santé et leurs proches. Les revalorisations issues du « Ségur de la Santé » ont permis de réduire cette fragilité à partir de 2020.

accompagnement à l'évolution des besoins des usagers sur le territoire ne pourront être assurés qu'avec des professionnels satisfaits dans l'exercice de leur professionnalité. C'est tout l'enjeu d'une politique de ressources humaines renouvelée.

Conclusion

Comme le souligne François Dupuy, la « trilogie systémique fondée sur la confiance, le pouvoir et l'éthique pour difficile qu'elle soit à réaliser, est sans doute constitutive d'un management crédible et apaisée »[352].

Pour le directeur d'établissement médico-social, l'évolution des publics, l'environnement règlementaire ou le facteur humain au sein des organisations sont autant d'éléments qui mettent en tension cette trilogie systémique avec laquelle il va lui être nécessaire de composer.

Développer un projet managérial qui va au-delà du discours et qui « fait sens » pour l'ensemble des professionnels est un enjeu qui va dépasser la personne et les valeurs professionnelles du dirigeant.

Car, en posant un cadre managérial éco-responsable au sein de son organisation, le dirigeant développe tout autant une philosophie de management que des techniques de management.

La relation à l'Autre est constitutive de sa mission auprès de « ceux qui accompagnent les résidents ».

Le discours du « prendre soin de nos soignants » n'en demeure pas moins une réalité tangible et exerçable dans le cadre d'un management par la Qualité de vie au travail. Il fait néanmoins partie de ces « réconcilier l'inconciliable » dont nous avons essayé de témoigner dans les pages de cet ouvrage. Il montre également comment un « *renewed public management* » peut se dessiner sur le secteur médico-social.

La démarche rénovée de projet d'accompagnement personnalisé est une des expressions possibles de la démarche de dialogue gestion.

Elle ne relève pas de la « gestion » au sens propre du terme mais bien plutôt de la dirigeance d'organisations. Elle intègre, compose et rassemble les acteurs dans un système d'action concret particulièrement complexe et dynamique dans le temps.

Comme les voyageurs de René Descartes « égarés en quelque forêt »[353], le dirigeant sera ainsi bien inspiré de composer avec une méthode de

---

[352] Ibid.

[353] DESCARTES R., « Discours de la méthode », 1637

guidance pour éviter de tourner en boucle et de se perdre jusqu'à... y perdre la tête.

Avec les sciences sociales, la démarche de dialogue de gestion pourra certainement permettre d'éclairer le dirigeant chemin faisant.

En permettant de définir le « cap » et de s'orienter avec la « boussole », la démarche de dialogue de gestion offre la possibilité aux dirigeants de se donner les moyens de tendre vers un alignement vertical entre les professionnels, l'équipe de direction et les autorités de tutelle. L'inconciliable en apparence du *New public management* (enfin) réconciliable ...

Aussi, comme nous le concluions dans la Partie I de notre réflexion, « c'est à travers un projet managérial innovant que la démarche de dialogue de gestion pourra prendre tout son sens et concilier une préoccupation humaniste avec une exigence de performance »[354].

Le voyage primera bien sur la destination. Démarche de projet d'accompagnement personnalisé et management agile seront les faces d'une même pièce de monnaie. C'est en s'appuyant sur les piliers de la confiance que le dirigeant pourra « libérer » et concentrer les énergies au service du résident, des professionnels et de l'institution.

C'est parce qu'il sera à même de pouvoir lui-même accepter l'incertitude et la faire accepter aux professionnels qu'il pourra donner du « sens » à la démarche de projet d'accompagnement personnalisé.

Toujours dans les pas du philosophe français du XVIIème siècle, elle permettra toujours aux voyageurs égarés « d'arriver à la fin quelque part, où vraisemblablement, ils seront mieux qu'au milieu de la forêt »[355].

---

[354] Ibid.

[355] Ibid.

ABREVIATIONS

ACR : Analyse de cause racine

ANACT : Agence nationale d'amélioration des conditions de travail

ARACT : Agence régionale d'amélioration des conditions de travail

ANAP : Agence nationale d'appui à la performance

ANESM : Agence nationale d'évaluation de la qualité et de la qualité des établissements et services médico-sociaux

ANGELIQUE : Application Nationale pour Guider une Evaluation Labellisée Interne de Qualité pour les Usagers des Etablissements

ARS : Agence régionale de santé

ATIH : Agence technique de l'information hospitalière

CCAS : Centres communaux d'action sociale

CDD : Contrat à durée déterminée

CDI : Contrat à durée indéterminée

CHSCT : Comité d'hygiène, de sécurité et des conditions de travail

CNCPH : Conseil national consultatif des personnes handicapées

CNESM : Conseil national de l'évaluation sociale et médico-sociale

CNSA : Caisse nationale de la solidarité et de l'autonomie

CPOM : Contrat pluriannuel d'objectifs et de moyens

CTE : Comité technique d'établissement

CTS : Conseil territorial de santé

DGCS : Direction générale de la cohésion sociale

DMAAC : Définir, mesurer, analyser, améliorer et contrôler

DMP : Dossier médical partagé

DREES : Direction de la recherche, des études, de l'évaluation et des statistiques

DUERP : Document unique d'évaluation des risques professionnels

FAM : Foyer d'accueil médicalisé

FEI : Feuille d'évènement indésirable

FFOM : Forces/Faiblesses/Opportunités/Menaces

GCMS : Groupements de coopération sociale ou médico-sociale

GHT : Groupement hospitalier de territoire

GIR : Groupe Iso-Ressources

EHESP : Ecole des hautes études de santé publique

EHPAD : Etablissement d'hébergement pour personnes âgées dépendantes

ESSMS : Etablissement sanitaire, social et médico-social

FAP : Fiche d'accompagnement personnalisé

GPMC : Gestion prévisionnelle de métiers et de compétences

IEM : Institut d'éducation motrice

IGAS : Inspection générale des affaires sociales

IME : Institut médico-éducatif

INSEE : Institut national de la statistique et des études économiques

LDG : Ligne directrice de gestion

LOLF : Loi organique relative aux lois de finances

MAP : Loi de Modernisation de l'action publique

MAS : Maison d'accueil spécialisé

MCO : Médecine, chirurgie ou obstétrique

MDPH : Maison départementale en faveur des personnes en situation de handicap

MJPM : Mandataire judiciaire à la protection des majeurs

PACQ : Plan d'amélioration continue de la qualité

PAG : Projet d'accompagnement global

PAP : Projet d'accompagnement personnalisé

PMI : *Project Management Institute*

PRINCE2 : *Projects IN Controlled Environments*2

PTSM : Plan territorial de santé mentale

QVT : Qualité de vie au travail

RAMA : Rapport annuel d'activité médicale

RAPT : Réponse accompagnée pour tous

RGPP : Révision générale des politiques publiques

RMM : Revue de mortalité et morbidité

SERAFIN-PH : Services et Etablissements : Réforme pour une Adéquation des FINancements aux parcours des Personnes Handicapées

SAMSAH : Service d'accompagnement médico-social pour adultes handicapés

SESSAD : Service d'éducation spéciale et de soins à domicile

SSR : Soins de suite et de réadaptation

T2A : Tarification à l'activité

TMM : Troubles musculosquelettiques

UPHV : Unité pour personnes en situation de handicap vieillissante

ANNEXE 1

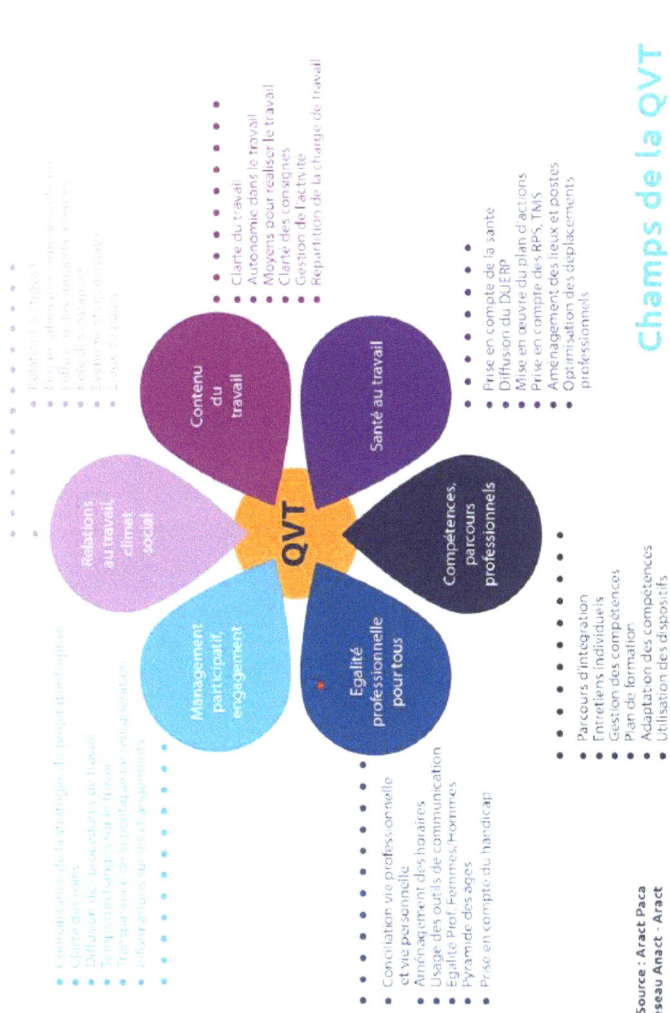

ANNEXE 2

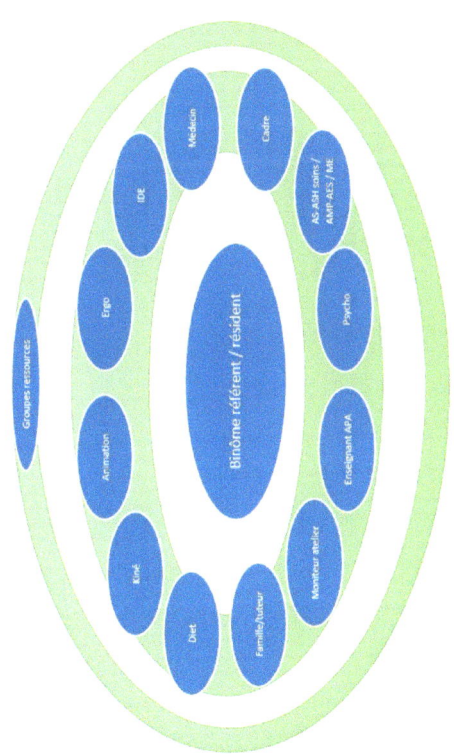

BIBLIOGRAPHIE

Ouvrages (par ordre chronologique de parution) :

DESCARTES R., « Discours de la méthode », 1637

BENTHAM J., « Le panoptique », 1791

DURKHEIM E., « De la division du travail social », 1893

MACHADO A., « Proverbios y cantares », 1909

MAUSS M., « Essai sur le don. Forme et raison de l'échange dans les sociétés archaïques », Année sociologique, 1923

JUNG C.G., « Dialectique du Moi et de l'inconscient », 1928

LIKERT R., « Human organization : its management and value », McGraw Hill, 1967

FOUCAULT M., « Surveiller et punir », Gallimard, 1975

CROZIER M. et FRIEDBERG E., « L'Acteur et le système », Seuil, 1977

LE BRAS H. et TODD E. « L'invention de la France », Pluriel, 1981

BAIRD L., « Managing performance », John Wiley & Sons, 1985

JACQUARD A., « Cinq milliards d'hommes dans un vaisseau », Seuil, 1987

FREIDSON E., « Medical work in America », Yale university, 1989

HERZBERG F., MAUSNER B. et SNYDERMAN B. B., « The motivation to work », Transaction publishers, 1993

LE GOFF J-P, « Les illusions du management », La Découverte, 1993

PEYREFITTE A., « La Société de confiance : Essai sur les origines et la nature du développement », Odile Jacob, 1995

KAPLAN Robert S. et NORTON David P., « The Balanced Scorecard: Translating Strategy into Action », Harvard Business School Press, 1996

CLOT Y., « La fonction psychologique du travail », Editions PUF, 1999

DUPUY F., « L'alchimie du changement : Problématiques, étapes et mise en œuvre », Dunod, 2001

WELCH J., « Ma vie de patron – Le plus grand industriel américain raconte », Pearson France, 2001

HART J., LUCAS S. et GOUDEAUX A., « Management hospitalier : stratégie nouvelle des cadres : concepts, méthodes et études de cas », Lamarre, 2002

MINNAERT M-F. et MULLER F., « Management hospitalier : un nouvel exercice du pouvoir », Editions Masson, 2004

DUPUY F., « La fatigue des élites », Seuil, 2005

BOYNE Georges A. et al., « Public service performance, Perspectives on measurement and management », Cambridge University Press, 2006

CHAVAROCHE P., « Le projet individuel », Eres, 2006

AGAMBEN G., « Qu'est-ce qu'un dispositif ? », Payot, 2007

DOBIECKI B. et GUAQUERE D., « Être cadre dans l'action sociale et médico-sociale », ESF, 2007

CHAUVIERE M., « Trop de gestion tue le social », La découverte, 2007

GODBOUT J. T. et CAILLE A., « L'esprit du don », La Découverte, 2007

HERVE M., D'IRIBARNE A. et BOURGUINAT E., « De la pyramide aux réseaux ; Récits d'une expérience de démocratie participative », Autrement, 2007

SCOTT R. W. et DAVIS G. F., « Organisations and Organizing », Pearson Prentice hall, 2007

FELTMAN C., « The Thin Book of Trust ; an Essential primer for building Trust at Work », The Book Publishing, 2008

DE GAULEJAC V., « La société malade de gestion », Le Seuil, 2009

SAVALL H. et ZARDET V., « Maîtriser les coûts et les performances cachés », Economica, 2010

DUPUY F., « *Lost in management*. La vie quotidienne des entreprises au XXIème siècle », Seuil, 2011

DUPUY F., « Sociologie du changement - Pourquoi et comment changer les organisations », Dunod, 2011

HERVE M. et BRIERE T., « Le Pouvoir au-delà du Pouvoir : L'exigence de démocratie dans toute organisation », F. Bourin, 2012

NOBRE T., « Le Management de pôles à l'hôpital », Dunod, 2012

BOUQUIN H., « Le contrôle de gestion », Presses universitaires de France, 2013

BARTOLI A. et BLATRIX C., « Le management dans les organisations publiques », Dunod, Management public, 2015

DUPUY F., « La faillite de la pensée managériale. *Lost in management*, Vol. 2. », Seuil, 2015

CHURCHILL W., « Mémoire de guerre 1919-1941 », Editions Tallendier, 2015

FERMON B. et al., « Performance et innovation dans les établissements de santé, Dunod « Guides Santé Social », 2015

HERVE M., « Une nouvelle ère – Sortir de la culture du chef », F. Bourin, 2015

JACQUES A., « Technosciences et responsabilités en santé – Comment notre système de santé va être transformé », FSC Editions, 2016

GERET O., « Donner du sens aux projets personnalisés dans le secteur social et médico-social », ESF Editeurs, 2019

BATIFOULIER F., JAEGER M., JANVIER R., « Manuel de direction en action sociale et médico-sociale – Ed 2 », Dunod, 2019

JACQUES A., « Du dialogue de gestion au projet managérial, Quelles solutions pour les établissements médico-sociaux hospitaliers ? », FSC Editions, 2019

DUPUY F., « On ne change pas les entreprises par décret. *Lost in management*, Vol. 3. », Seuil, 2020

HERVE M., « Pour une révolution de la confiance – Réformer l'école, refonder l'entreprise, transformer la société », Dunod, 2020

Articles de presse (par ordre chronologique de parution) :

MASLOW A., « A Theory of Human Motivation », Psychological Review, no 50, 1943

CALLON M., « Eléments pour une sociologie de la traduction. La domestication des coquilles Saint-Jacques et des marins-pêcheurs dans la baie de Saint-Brieuc », L'année sociologique, 1986

HOOD C., « A public management for all seasons? », Public Administration, 1991

DETCHESSAHARD M., « Quand discuter, c'est produire… Pour une théorie de l'espace de discussion en situation de gestion », Revue française de gestion, 2001

BADEY-RODRIGUEZ C., « L'entrée en institution, un bouleversement pour la dynamique familiale », Gérontologie et société, 2005

AMAR A. et BERTHIER L., « Le nouveau management public : avantages et limites », Revue Gestion et management public, 2007

TRUSCELLI D., « Culture hospitalière et rencontre avec la culture du secteur médico-social. Réflexion à partir d'un parcours personnel », Contraste, 2007

DESMARAIS C. et al. « Gestion des personnels publics : évolutions récentes et perspectives », La Revue de l'Ires 2007

MINVIELLE E. et al., « Hospital performance: competing or shared values? », Health Policy, 2008

CHAUVIERE M., « Qu'est-ce-que la chalandisation ? », Informations sociales, 2009

MONTET I., « De l'usage du New public management pour démonter le secteur », L'information psychiatrique, 2009

SARASVATHY S. D., « Effectuation : Elements of entrepreneurial expertise », 2009

ABRY J-M., « Le social et le médico-social à l'épreuve de sa déshumanisation », Connexions, 2009

DUQUESNE J-L, « En manageant, un directeur trahit-il le médico-social ? », Empan, 2010

DUBREUIL B., « L'utilité sociale ne relève pas de la performance », Vie sociale, 2011

BABEAU O. et CHANLAT J-F, « Déviance ordinaire, innovation et gestion. L'apport de Norbert Alter », Revue française de gestion, 2011

LEMPEREUR A., « Faciliter une solution négociée aux conflits », Revue française de gestion, 2011

MOISOND J-C, « Le paradoxe de la boîte noire. Réformes hospitalières et organisation », Droit et société, 2012

AUBOUIN N. et al., « Les outils de gestion dans les organisations culturelles : de la critique artiste au management de la création », Management & Avenir, 2012

BICHUE D., « La performance en question », Empan, 2012

PONDAVEN M., « Historique récent des politiques publiques de l'évaluation des activités des ehpad », Gérontologie et société, 2012

DUBREUIL B., « L'interaction d'aide ne relève pas de la performance », Empan, 2012

EGGRICKX A., « Réflexion critique sur l'adoption d'outils de gestion par mimétisme : le cas de la LOLF », Management & Avenir, 2012

SAMR M., « La performance pour les organisations médico-sociales : évoluer sans se dévoyer », Empan 2012

FOURNEAU A. et GUILLOT J-P, « Préparer les futurs managers au dialogue social », L'Expansion Management Review, 2012

LOCHARD Y., « L'invention d'espaces de dialogue sur les conditions de travail dans l'administration. Le cas du processus au ministère des Finances », La Revue de l'Ires, 2012

CHAVAROCHE P., « La pratique du « projet individualisé » dans le champs médico-social », Champ social, 2012

BERTEZENE S., « Le pilotage de la performance éthique : résultats de recherches interventions dans le secteur médico-social », Management & Avenir, 2013

GRENIER C. et MARTIN V., « Performance des organisations et bien-être des usagers : quels modes de pilotage et d'intervention ? », Management & Avenir, 2013

PETIT J. et DUGUE B., « Quand l'organisation empêche un travail de qualité : étude de cas », Perspectives interdisciplinaires sur le travail et la santé, 2013

LEMAIRE C. et NOBRE T., « Le rôle des acteurs dans la gestion d'un projet d'implantation d'un tableau de bord dans le secteur médico-social », Journal de gestion et d'économie médicales, 2014

DUBOST N., « Culture professionnelle et démarches qualité dans le secteur médico-social français », Gestion, 2014

SIMON A. et al., « La construction d'un baromètre pour mesurer la « performance RH » en milieu public : une application dans le contexte local », Gestion et management public, 2015

DUBOST N. et FABRE P., « Des indicateurs pour optimiser l'allocation des ressources ? Une enquête exploratoire au sein d'un réseau administré », Gestion et management public, 2016

GRIMAND A., « La prolifération des outils de gestion : quel espace pour les acteurs entre contrainte et habilitation ? », Recherches en Sciences de Gestion, 2016

SIBILLE R. et JOEL M-E., « Les directeurs d'EHPAD : contraintes, marges de manœuvre et diversité des pratiques », Revue française des affaires sociales, 2016

HEICHETTE S., « Le renouvellement de l'encadrement dans le champ social. Un effet de la nouvelle gestion publique », Les Cahiers Dynamiques 2016

Rapports (par ordre chronologique de parution) :

« La formation des cadres du secteur social : trois écoles en quête de stratégie », Rapport annuel de l'IGAS, 1998

DU JONCHAY G., « Le dialogue de gestion », Rapport du groupe de travail, 2006

Rapport de la mission Cadres Hospitaliers présentée par Chantal DE SINGLY le 11 septembre 2009

« Etablissements et services pour personnes handicapées », rapport de l'IGAS remis par Laurent VACHEY et Agnès JEANNET en 2012

« Evaluation de l'expérimentation de l'intégration des médicaments dans le forfait soins des EHPAD », Rapport de l'Inspection générale des affaires sociales (IGAS), 2012

« Le pacte de confiance à l'hôpital », Rapport remis par Edouard COUTY en 2013

JOSEPH V., « Le contrôle de gestion dans les établissements sociaux et médico-sociaux : un outil de performance au service des usagers et des professionnels », Mémoire EHESP, 2015

« Mission « Flash » sur les établissements d'hébergement pour personnes âgées dépendantes (EHPAD) », rapport remis par Monique IBORRA, 2017

Thèses et mémoires (par ordre chronologique de parution) :

BIMBERT S., « Assurer la qualité d'accompagnement des personnes âgées en EHPAD par la mobilisation du personnel », Mémoire ENSP, 2005

PITTET N., « La LOLF story, les enjeux communs et les spécificités des démarches locales de performance par rapport à la LOLF », Mémoire Master II Management du secteur public, 2007

GRYGOWSKI D., « La genèse d'un plan d'actions pour lutter contre l'absentéisme professionnel : le cas de l'hôpital Bretonneau », Mémoire EHESP, 2009

GURRUCHAGA M., « La création des Agences régionales de santé : Recomposition de l'action publique sanitaire et sociale ? », 2010

LARTIGAU J., « Le contrôle de gestion à l'heure des réformes hospitalières : une fonction en mutation ? », Thèse de doctorat, 2010

PERRIN C., « Promouvoir la démarche du projet d'accompagnement personnalisé en EHPAD : Une stratégie managériale au service de la qualité de vie des résidents », Mémoire EHESP, 2010

« L'intégration des établissements médico-sociaux dans une démarche d'évaluation est-elle un gage d'une prise en charge de qualité ? », Rapport du module interprofessionnel de santé publique, EHESP, 2011

GREVIN A., « Les transformations du management des établissements de santé et leur impact sur la santé au travail : l'enjeu de la reconnaissance des dynamiques de dons », Thèse de doctorat, 2011

DURIEZ G., « Le dialogue de gestion entre les médecins et la Direction », Mémoire EHESP, 2012

MARTIN C., « Concurrence, prix et qualité de la prise en charge en EHPAD en France. Analyses micro-économétriques », 2012

LUX G., « Adoption et usage(s) des outils de gestion par les directeurs d'Etablissements et Services Médico-sociaux : état des lieux et facteurs explicatifs », Thèse de doctorat, 2013

BENOIT C., « Le plaisir au travail : un management fondé sur la culture du bien être au travail et la proximité entre professionnels et résidents », Mémoire EHESP, 2013

JOSEPH V., « Le contrôle de gestion dans les établissements sociaux et médico-sociaux : un outil de performance au service de l'usager et des professionnels », Mémoire EHESP, 2014

MARIN-LAFLECHE E., « Atouts et limites du processus de construction du projet d'accompagnement personnalisé au regard de la bientraitance des résidents en EHPAD », Mémoire EHESP, 2014

CHABRILLAT V., « L'impact des politiques managériales sur l'absentéisme, l'exemple du centre hospitalier de Billom », Mémoire EHESP, 2015

MERCIER M., « Personnaliser l'accompagnement des personnes âgées en institution : un enjeu de l'élaboration du projet d'établissement », Mémoire EHESP, 2015

JACQUES A., « La déclinaison des politiques publiques, ou la transformation continue d'une agence régionale de santé », note de politique publique, EHESP, 2016

Conférence :

Conférence européenne de l'association des établissements et services pour personnes âgées, 22-23 septembre 2016

Autres :

« Les attentes de la personne et le projet personnalisé », Recommandations de bonnes pratiques professionnelles, ANESM, 2008

« Renseigner le compte qualité sur la thématique « qualité de vie au travail » », HAS, 2014

« Bientraitance des personnes accueillies en établissements pour personnes âgées dépendantes – Enquête 2015 », ANESM, 2016

« Le tableau de bord de la performance dans le secteur médico-social. Mieux se connaitre et dialoguer sur son territoire. », ANAP, 2016

« Le projet personnalisé : une dynamique du parcours d'accompagnement (volet EHPAD) », ANESM, 2018

TABLES DES MATIERES

Préface ....

Introduction ....

Le projet d'accompagnement personnalisé : de l'expression des droits des usagers au *New public management* 8

    I. Mouvement sociétal et évolution règlementaire au service des droits et libertés de l'usager 10

    II. Le projet d'accompagnement personnalisé, un outil au service du *New public management* ? 15

    III. Contractualisation et projet d'accompagnement personnalisé, vers une approche du *Case management* 19

    IV. Les professionnels médico-sociaux face au projet d'accompagnement personnalisé ? 26

Présentation et diagnostic du terrain d'étude 34

    I. Le terrain d'étude et le projet « Cluster QVT » sur le secteur médico-social 36

        A- LE TERRAIN D'ETUDE 36

        B- LE PROJET « CLUSTER QVT » SUR LE SECTEUR MEDICO-SOCIAL 40

    II. Diagnostic de l'établissement C 43

A- LA CULTURE DE L'ETABLISSEMENT, SON HISTOIRE ET CELLE DU TERRITOIRE DANS LEQUEL IL S'INSCRIT 44

B- LA SITUATION CONJONCTURELLE DE L'ETABLISSEMENT. 49

C- LE MANAGEMENT ET LA GOUVERNANCE DE L'EQUIPE DE DIRECTION 52

D- LE « SENS COLLECTIF » OU L'ESPRIT D'APPARTENANCE AU GROUPE 56

III. Diagnostic de la démarche de dialogue de gestion et du projet d'accompagnement personnalisé 61

A- L'ETAT DES LIEUX DE LA DEMARCHE DE DIALOGUE DE GESTION 61

B- L'ETAT DES LIEUX DU PROJET D'ACCOMPAGNEMENT PERSONNALISE 71

IV. Synthèse du diagnostic de la démarche de dialogue de gestion 74

A- UN ETAT DES LIEUX ET APRES ? 74

B- ENJEUX ET MATRICE FFOM 76

Du projet managérial à la démarche rénovée de projet d'accompagnement personnalisé 80

I. Projet managérial et théorie de l'acteur-réseau 82

A- PROJET MANAGERIAL : POSER LES INTENTIONS ET LE CADRE
.... 82

B- PROBLEMATISATION DE LA DEMARCHE RENOVEE DE PROJET D'ACCOMPAGNEMENT PERSONNALISE 87

C- SENS ET RECONNAISSANCE AU CŒUR DE LA STRATEGIE D'INTERESSEMENT 91

II. Intéressement et enrôlement au cœur du réseau d'acteurs 96

    A- INTERESSEMENT ET ROLE DES USAGERS 100

    B- INTERESSEMENT ET ROLE DES PROFESSIONNELS 113

    C- INTERESSEMENT ET ROLE DE L'EQUIPE DE DIRECTION.. 124

Vers un « *Renewed* » *public management* 136

I. Management Agile et démarche rénovée de projet d'accompagnement personnalisé 1380

    A- MANAGEMENT AGILE ET LOGIQUE EFFECTUALE 138

    B- UNE DEMARCHE RENOVEE CENTREE SUR LE PRAGMATISME. 146

    C- CONSTRUCTION ET APPROPRIATION DE L'OBJET-FRONTIERE 153

II. Management Agile et démarche rénovée de projet d'accompagnement personnalisé 163

    A- « LE VOYAGE PRIME SUR LA DESTINATION » 163

    B- VERS UN MANAGEMENT PAR LA QUALITE (DE VIE AU TRAVAIL) ? 180

    C- VERS UNE POLITIQUE RENOVEE DES RESSOURCES HUMAINES 188

Conclusion 200

ABREVIATIONS 206

ANNEXE 1	210
ANNEXE 2	212
BIBLIOGRAPHIE	214

© 2021, Alexandre JACQUES
Édition : BoD – Books on Demand, info@bod.fr
Impression : BoD – Books on Demand,
In de Tarpen 42, Norderstedt (Allemagne)
Impression à la demande
Dépôt légal : Juillet 2022
ISBN: 978-2-3224-4030-6